一本书读懂培训师增课策略

TRAINER DEVELOPMENT STRATEGY

于椿建 ◎ 著

中华工商联合出版社

前　言

众所周知，企培行业经历过几个重要的发展阶段，近年来企培行业更是发展迅猛，处在一个相对较好的时期。基于企业越来越重视人员培养，职业培训师需求呈现爆发式增长，成为社会热门职业。成为一名优秀的培训师，并被行业认可，同时带来饱和的课量和满意的课酬并不容易。市面上针对职业培训师培养方面的书籍有很多，大多都是针对从培训师必备技能入手，比如课程表达和演绎技巧、课程内容开发技巧、PPT设计技巧、课程教学设计等角度。但关于培训师增课策略类的书籍，往往很难在市面上找到。

在通过多年努力成为职业培训师后，又面临关于课量不足、课酬不高的挑战；很多培训师授课效果很好，但课量一直不能令自己满意，课酬与讲授同类课题的培训师相比也低很多……面对这些问题，我希望通过自己梳理的经验，帮助优秀的培训师快速实现增加课量、增长课酬的目标。增课策略不是简单地让培训师课酬单天涨，而是帮助培训师拓展更多的课量并增加课酬。

增课＝讲授内容×授课技巧×学习能力×运营策略，本书将更多从培训师的运营策略视角进行全面分析。

基于把多年总结的经验分享给更多培训师朋友们的这个想法，在2022年年初，我萌生了写《一本书读懂培训师增课策略》的想法。这本书区别于以往很多培训师书籍的角度，以增课的系统性理解为依托，从职业培训师如何从渠道获得助力，如何更好地理解认同终端客户，如何更好地与平台合作，如何用心服务好学员，如何向更多渠道和客户展示自己的专业水准，如何向渠道和客户传导作为培训师的自信和美誉度等角度，与大家一起探讨。

通过向机构、渠道和终端客户更好地推广自己，让专业水平强、内容创新性高、授课能力棒、为客户带来绩效、为学员创造价值的好培训师能够获得自身课量和课酬的持续性增长，在企培行业路上锦上添花，最终成为受行业尊重和客户欢迎的职业培训师。

《一本书读懂培训师增课策略》内容丰富，书中没有传统的说教，仅仅针对企培行业的培训师增课策略遇到的困惑，从什么类型的职业培训师最受市场欢迎的角度，加入了大量的实例和增课建议，希望这些工具和方法对您有所助益。

从2004年进入企培行业开始，我见证了企培行业的多个发展历程。近20年来专注于培训机构运营的各项工作后，我在2018年成功从过去的直接面对终端客户营销培训产品，转变为专注培训机构发展岗位能力赋能、师资培养和师资推广业务，以及职业培训师个人品牌价值打造、增课策略一对一指导等工作。我以兼具师资平台和行业不同身份的视角经验，汇成此书。

通过对企培行业经验的总结，我深深感受到这个行业的深度和广度。我从自己的经历中，系统总结了培训师增课中大量的实用方法、典型案例，以及与众多优秀培训师交流增课策略的心得，秉承着"培训师帮助培训师"的理念，萃取了关于众多优秀的培训师在课酬和课量上如何增长的策略。希望通过这本书的特色内容，尽可能涵盖和涉及更多的实用方法、原创工具、场景案例、成功经验、心得体会等丰富内容进行阐述，分享和影响更多职业培训师朋友，期望能为职业培训师关于在课量增加和课酬增长方面，带来多一点点的思考或启发，提供更多读者想学的知识和拿来就能用的干货！

本书旨在帮助职业培训师在职业发展过程中学习如何提升自身美誉度和知名度，如何寻找可靠的合作机构和渠道，如何在不同的环节与各类课程采购机构和渠道打交道，如何提高自己的课程合作成功率，如何增强品牌声誉，如何促进职业培训师在企培行业持续成长与发展。同时，紧紧围绕职业培训师如何持续地增加课量以达到一定的饱和度，如何合理稳步地增长课酬的角度，逐步通过五大核心增课体系，全面递进式地阐述企培行业存在机会、培训机构运营概况、培训师如何助力渠道、培训师渠道标签塑造、职业培训师品牌打造等49个细分章节，提供一本培训师朋友拿来就能用的，能够从书中找到关于增课策略的通俗易懂的答案的，全面助力探索关于增课策略有益指引的，以实战为原则的指导书籍。

《一本书读懂培训师增课策略》将把我的心得体会分享给培训师朋友们。本书适合于从事职业培训师各个阶段的朋友们参考学习。

第一，有志于成为职业培训师的朋友们，可将其作为入门教材，提前了解和熟悉培训行业现状，以及如何成为一名职业培训师。

第二，从事职业培训师5年以内，面临如何推广自己的课程，如何得到更多渠道合作伙伴认可，如何提高行业声誉，如何获得更多讲课机会的培训师朋友。

第三，行业5～10年的职业培训师，期待课量达到200天以上，获得更多的返聘率，提高行业地位，课酬更上一个台阶的培训师朋友。

第四，行业10年以上职业培训师，课量达到一定饱和度，课酬排在同类培训师前列，面临如何获得更多收入来源，以及如何培养新培训师的导师级培训师。

目　录

第一章　企培行业存在的诸多机会
　　第一节　企培行业经费和培训机构概况 /3
　　第二节　企培市场现状带来的思考 /4
　　第三节　企培市场现状带来的机会 /6

第二章　培训机构运营概况
　　第一节　客户方对于培训效果的思考 /13
　　第二节　培训机构的典型特征 /21
　　第三节　与客户方的通用合作流程 /23
　　第四节　提高方案成功率的要素 /28
　　第五节　培训机构投标的影响因素 /34
　　第六节　培训机构的师资档案管理 /36
　　第七节　提前推动投标成功 /38

第三章 面向机构的对接与合作

第一节 与培训机构对接现状 /45

第二节 与培训机构初次合作的注意事项 /47

第三节 培训师授课具体约定 /55

第四节 培训师的课酬约定 /59

第五节 培训师对接合作的细节说明 /63

第六节 培训师的简历与课程推广 /69

第七节 课程包的主动优势呈现 /73

第八节 专业能力指导与课程分享 /80

第九节 与区域培训机构深度合作 /85

第四章 协助机构与客户方达成合作

第一节 全面了解培训需求 /91

第二节 协助机构定制方案的考量 /94

第三节 培训效果承诺和绩效对赌 /97

第四节 助力培训机构稳住客户方 /106

第五节 主动协助培训机构精准控标 /112

第六节 讲标时呈现优势和挖掘亮点 /119

第七节 培训师讲标需考虑的事项 /122

第五章　培训师职业化发展

　　第一节　职业化和敬业度的修为 /131
　　第二节　培训师职业化的注意事项 /136
　　第三节　新晋职业培训师的发展之路 /143
　　第四节　找准定位才能获得广阔课量 /159
　　第五节　线上课程的定位与黄金宣传点 /171
　　第六节　培训师标签的打造方法 /173
　　第七节　培训师讲授课程类型分析 /180
　　第八节　培训师课程版权现状和价值 /182
　　第九节　对其他培训师抱有敬畏之心 /186

第六章　培训师的增课策略分析

　　第一节　增课量和涨课酬的复杂心态 /191
　　第二节　课量不多和课酬不高的原因 /193
　　第三节　涨课酬而不减课量的关键时机 /197
　　第四节　给培训机构留住利润空间 /200
　　第五节　展示优秀课程的关键语句 /202
　　第六节　与机构联系的两个阶段 /208
　　第七节　美誉度促进机构主动合作 /210

第八节　对机构的层级管理与维护 /216

　　第九节　增加课量和课酬的路径 /220

第七章　培训师个人品牌塑造

　　第一节　培训师打造个人品牌的好处 /235

　　第二节　朋友圈品牌塑造和经营策略 /238

　　第三节　朋友圈突出课程美誉度 /240

　　第四节　建立自有机构群并深耕 /244

　　第五节　师资经纪的特点和优势 /246

致　谢

第一章

企培行业存在的诸多机会

第一节　企培行业经费和培训机构概况

企培行业市场很大，客户方都是以企业人才的成长、提升企业竞争力和促进企业发展为采购目标。但这并不意味着每次培训都会很受客户欢迎，相反终端客户的需求越来越具有挑战性。作为职业培训师不仅要持续提升自己的讲课技巧，更要关注企培行业发展现状，分析企培行业未来的发展趋势，尽可能从更开阔的视野充分地认识这个行业，了解哪些快速变化的趋势与自己讲授的课程有更强的匹配性。

通过解读客户方真实的培训需求，培训师要能通过培训的方式解决棘手的企业发展问题，要分析了解自己研发的课程的市场规模多大，哪些行业需要结合自己的课程再深度开发，哪些资源能够给自身除讲课之外带来更多的合作机会。

企培行业从2023年起，估算每年企业级培训经费可高达万亿，同时在企业的重视下，这个数字每年还在不断地高速递增。据我了解，银行行业这个垂直领域，初步按照工资比率，计提出来的培训规划预算就在1000亿元左右，对照B端培训采购规模1/3～1/2比率，也在300亿～500亿元，并且未来至少10～20年内总的培训经费也会不断增长，可见培训师会是一个热门职业。

专注企培行业的培训机构有几百万家，行业培训机构的推动，越来越多的企业方认识到培训带来的价值，相应也增大了企业在培训方面投入的紧迫感和总预算。按照每位职业培训师最大限度地承担培训课量来估算，需要几百万职业培训师来完成培训预算。很多企业培训经费按照员工的工资计提，培训经费基本保持稳定增长，加上银行、移动等类型企业持续的转型，都会带来针对员工能力提升的培训经费支出。这些都带给我们职业培训师课量总体上的增长。

术业有专攻，培训师针对熟悉的细分领域聚焦和专注，是非常有必要的。进一步选择和开发相关领域内的差异化课程，找到自己讲课内容方面的独到之处，找到同样的课题中属于自己的讲授特色，找到推广自己课程特点的标签扎扎实实去做，这些都很重要。客户方也都偏重和专注自身行业的渠道与培训师合作，通过深入研究，培训师专注讲好一个领域的课程，潜在的课量都足够大。

因此，作为职业培训师需要做好标准的课程定位，才能吸引更多的客户，可参照课程吸引力公式：聚焦行业＋课题领域＋授课对象。其中包含了培训师熟悉哪个领域，选的主题是否是自己最擅长的，愿意给哪个层面的学员讲，这些都要通过这个公式定位包含在具体的课程名称中。聚焦定位后，哪怕短时间内，因为定位遇到课量少的难题，最终经过不断的行业深耕，仍会越来越有市场，最终每位职业培训师都有属于自己的课量市场，成为这个领域的品牌培训师。

第二节　企培市场现状带来的思考

基于上节所说的企培市场现状，我们可以进行以下两方面的思考，如图1-1所示。

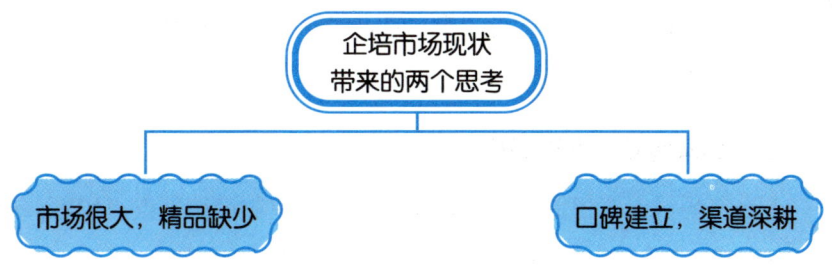

图 1-1　企培市场现状带来的两个思考

一、市场很大，精品缺少

　　企培行业到底需要什么样的培训师？前面提到企培行业市场规模巨大，能满足培训要求的精品课程和优秀的培训师相对缺乏。这其中，精品的意思是达成落地实战效果；优秀的培训师指的是至少帮助企业解决一个困惑点，通过培训转化给客户方切实的收益，而不是仅仅课堂氛围很好但是内容很空洞，导致课下学员还是不会做或不知道如何做。企业培训采购越来越理智，很多优秀的培训师课量很满，但合作方宁愿等很长时间，甚至愿意提前预约他下一年度的档期。

　　刚转型的职业培训师及知名度不高的培训师，既不懂得如何推广自己，又没有渠道信任效果好的背书，课量就会相对少。

　　当然，首先职业培训师要有好课程作为基础，即使短期没有课量也不能浮躁，静下来磨课，同时向优秀培训师学习。

　　80%的职业培训师大课课酬集中在每天5000～10000元。课程效果和口碑很重要，当然市场很大，虽然客户在追求最优秀的培训师，但是每位培训师课量在300天已经属于顶级。有些课程客户方会邀请同类型靠谱的培训师，不一定所有的课程都需要最好的培训师来上，客户根据预算，通过这种培训得到的提升，同样潜力很大。另外如何让更多的合作伙伴知道培训师能讲好这类课程，进而尝试合作，也是本书分享的核心。职业培训师同时也是课程推广师。

二、口碑建立，渠道深耕

企培市场很大，但圈子其实很小，这个行业靠口碑一点点积累，演化成品牌影响力。培训机构和企业客户不敢轻易合作新认识的培训师，因为各个渠道都是通过发挥渠道价值赚取收益，一旦讲不好，最终不仅有可能收不到客户的课酬，还会永远失去这个客户。所以经常需要多方打听，信任人背书和互相推荐，为职业培训师增大合作可能性（后面章节中会具体分享，通过做哪些事项会获得更多渠道推荐合作的机会）。

第三节　企培市场现状带来的机会

对企培市场的现状进行了解和思考之后，我们可以发现，培训师在这个行业中存在以下几方面的发展机会，如图1-2所示。

一、深耕学员增加收益

行业中培训机构主要服务于企业，由企业付费，为企业内部员工进行培训。随着学员个人成长需求及线上课程发展的趋势，培训机构和培训师可以对沉淀下来的学员进行深耕，为机构带来更多收益，也能更好地满足学员个人成长的需要。机构需要与职业培训师密切合作，一方提供渠道，一方提供内容。

图 1-2 企培市场现状带来的六个机会

二、持续共同研发课程

培训机构往往偏重营销，或者虽然自己也可以研发部分课程，但是由于培训产品太多，企业类课程有几十万门，培训机构实力再雄厚，都很难完全靠自己研发。培训机构会选择与培训师合作研发，培训机构给出潜在客户，培训师投入时间和精力研发课程。培训师会根据研发培训项目的课程定位、目标客户和学员、解决什么样的问题、潜在课量等因素考量是否合作，并探讨约定某个研发项目的合作模式，互惠共赢。培训师的内容不仅满足现有机构的需求，研发成功的项目还可以做二次分发，与其他培训机构和渠道合作，为培训师带来更大的投入产出比。

三、好的授课效果带来更多合作

各个领域和类型的培训师有成千上万名，培训机构如何选择有课程卖点的、可靠的培训师合作成为难题。培训机构向客户推荐一位初次合作的培训师，一旦选择的培训师效果不理想，没有达到客户和学员的期望，就会失去一个单子，更有甚者会被客户方直接投诉，永远失去一个客户。所以培训机构喜欢用熟悉的培训师，不敢轻易与新认识的职业培训师合作，同时还需要向圈内的好朋友或者师资经纪等渠道了解。而职业培训师就面临着如何解除新合作的培训机构的疑虑，以及如何证明自己的培训效果完全可以让渠道放心的问题。

四、机构期待培训师协助促单

企培行业终端客户的采购越来越复杂，专业要求越来越高，单凭营销人员很难达成与客户方的合作，机构便期待培训师通过专业能力协助自己与客户洽谈，也愿意因此为职业培训师支付一部分课酬。当然作为职业培训师，既有增加收入的机会，也有面临工作量增加的烦恼。不一定每次培训师的协助都能促使洽谈成功，这期间会受到客户关系、培训师之间专业对比等的影响。如何判定更有把握的需求，协助合作机构进行洽谈，需要职业培训师不仅仅有专业能力，更需要培训师有准确探寻的能力。

五、机构期待培训师帮助续单

机构往往希望借助职业培训师的好口碑和影响力，向客户引导其他岗位的培训机会，这种行为被行业称为再次采购或者续单。考虑到有这种机会，作为机构方如果主动给予培训师一定的报酬，且作为职业培训师如果不要求报酬多少也有意愿协助机构达成与企业再次合作机会的情况下，对于双方未来都是有好处的，毕竟一个老客户带来的收益往往会超过新客户。这又是一个机会，涉及如何约定合作细节的问题。

六、机构期待独家合作

每家培训机构的企业客户数量整体都不多,培训师效果好,同类客户也愿意采购。但是每次合作成交的因素很多,客户很可能会让其他与自己关系更好的培训机构来聘请这位培训师,培训机构在这个中间就缺少了主动权。客户关系如果一般,只能通过与职业培训师建立好关系,以及通过双方建立的信任度和一定的约定说明,来共同推动客户与他合作,这就又给我们职业培训师带来了机会和挑战。机会是课程好,客户会采购;挑战是客户提到的某个问题我们该如何应对,如何与机构达成公平互利的区域保护约定等(在后面章节我们会详细分享)。所以行业现状是,培训师授课效果好,处处是机会。

第二章　培训机构运营概况

第一节　客户方对于培训效果的思考

随着企培行业的良性发展，客户方对于培训采购越来越理性，也更关注培训的成本与收益的对比，培训越来越不需要讲大道理，而是需要萃取成果，赋能业务增长，陪跑企业发展。这样便于客户方领导对于投资培训更有信心，更愿意提高培训预算。对于培训师来说，在成果的交付上就要面对新的变化和挑战，培训师也就需要更多地站在客户方的角度去思考问题。

一、乙方要不断强化内功修炼

甲方的培训组织者和采购者在采购培训项目时的压力是很大的。采购的培训项目是否成功，不仅需要考虑培训成果的价值是否最大化，培训效果是否让领导满意，还需要关注学员学习的氛围是否良好，以及是否在学员中产生"真的学到很多知识"的口碑。

基于以上原因，甲方对于供应商的总体要求越来越多，考察和筛选更加趋于严格，采购项目时变得越来越理性，对于培训交付效果的要求越来越高。甲方期待的不仅仅是培训师授课技巧好、内容上有所创新、经验和风格适合客户，期待培训项目执行流程更紧凑、培训形式的设计更加新颖，还期待学员既能学到充实的知识和实战技能，又能体验到培训带来的和谐氛围，增强团队凝聚力。

另外，甲方也面对着众多优秀培训机构提供的优质培训产品，对于交付效果的对比性越来越高，也要求最后交付培训项目的培训机构能借鉴各家所长并有所创新。这就对培训机构和培训师的课程交付提出了较高的要求，对企培人的专业素养和思维高度提出了较高的要求。培训机构和培训师只有自身不断提高专业知识，才会获得甲方的认可。企培行业是发展共同体，职业培训师需要花一些精力协助培训机构团队人员进行专业赋能，让培训机构人员更加熟悉培训产品。而且现在的培训项目往往需要先入供应商库，才会被客户方二次采购，机构撰写投标书时如果不能很好地展现课程和项目的优势与亮点，就不能很好地向客户方做推荐，也就会失去后期合作机会。

二、客户方更关注培训前期和后期

客户方越来越重视培训，不再仅仅是邀请培训师来上一次课就结束培训过程，而是更希望看到培训后的结果，即观察培训后学员学到多少、用到多少，期望培训带来持续性的改变，技能提升变化越大越好，期望培训能实实在在聚焦业务痛点和人员发展问题，给企业带来能看得见的投资回报，或者创造更多可见的经济效益。现在客户方采购培训时，已经不再要求培训师现场讲得精彩、氛围好、演练和示范做得好，或者学员现场反馈学到了知识、评价表满意度高就可以了，而对于培训满意度的评价趋严，要求基于业务发展存在的问题和团队能力的提升提供解决方案式的培训，真正尽可能做到培训与战略同频，赋能企业的绩效改善。客户方期望多方共同努力，使培训项目能建立有效的转化和督训落地机制，辅导和跟踪学员将培训知识转化为行为，甚至推动企业内部培训师具备复制推广的能力，真正通过培训见到成效！

课堂中培训师分享知识后，学员现场往往很激动，但课程结束后学员记得不全，也容易很快忘记，甚至仅隔几天就把学到的知识又还给了培训师。学员没有真正将知识用起来，知识转化工作效能方面就有了很大的缺失，也就对企业提供的培训资源造成了极大的浪费。

基于这种情况，客户方希望培训师和机构以企业方和学员实际情况出发，全面地、有针对性地诊断调研，并设计一条培训路径图。在实施培训的过程中，要求培训师必须更紧密地贴近业务，以解决企业的实际问题为主导，增强实战操作层面的培训，并通过贯穿整个培训前、培训中、培训后各个环节的针对性的辅导，最终让学员从根本上产生学习兴趣，能够把学到的知识用起来。培训结束后，培训师还需要持续督导学员改善行为，提升学员工作绩效，帮助企业解决实际问题，如图2-1所示。

图 2-1　客户方对完整培训流程的要求

大家有一个共识，就是一堂好课是需要培训师做好课前调研的。而且前期有调研诊断的"对症下药"式的培训，会给培训交付带来很多好处。调研能让培训师与客户走得更近，更懂得客户的痛点，能让我们对学员的需求画像更精准，从而为客户量身定制培训项目，这样大概率会比没有经过调研的培训项目更加高效，解决问题更精准，呈现出来的培训效果更好，满意度更高。

哪怕是公开课培训，参加培训的企业类型很多，培训师没有办法聚焦某一家企业客户的具体要求，但是通过了解哪些类型的企业来参加，至少可以避免学员讲不合适的案例和话语，减少课程中的"理念冲突"，减少案例讲解不精确的情况。

当然任何方式的调研都不能流于形式，培训师要与学员深度互动并听取学员需求，提出对于课程需求的反馈建议。更主要的是，不能做了培训需求调研的流程后，培训的内容还使用原先固定的版本。培训师需要切切实实地把调研问题融入培训项目中，让客户方看得出培训师是在有针对性地讲课。

培训师只把一成不变的课程内容讲给不同的客户、不同的学员，课程满意度就能反馈很好的时代一去不复返了。培训师讲同一个课程，经常出现给这家客户讲的时候反馈很好，另外一家客户反馈就不是很理想的情况。甚至有些培训师自以为是，向培训机构夸下海口，让客户放心，说："这么多年我什么类型的企业没有见过？什么样的学员没有培训过？什么难度的项目没有做过？"然而运用同样的授课技巧，讲授同样的内容，却遭遇学员不配合的冷场和尴尬。

这方面的问题，主要是因为不同的行业、不同的企业、不同的学员、不同的地域，对于培训的需求度和接受度等都是不同的。对于这种变化可能带来的后果，培训师应该有个预期，在培训前要去了解客户方的培训期望和学员情况。只有主动花些时间，对企业需求进行充分了解，多做一些针对性的课程准备，课程的效果才会更强，培训效果才会更佳。很多身经百战、经验丰富的培训师，即使课量安排得很满，没有办法确保单独抽出线下调研时间，也可以通过渠道的协助尽可能掌握更多客户方的需求和想法。

培训师应该尽可能全面地搜集客户方第一线的有关资料，真诚地引导客户给出全面的问题反馈，虽然有些企业问题不是培训能解决的，但培训师应该尽可能在培训中提供准确的解决问题的方法或建议。

培训师需要调研客户方的企业性质、所在行业的经营特点、本次培训的背景、目前发展中存在的问题，还要调研学员对于此次培训的期待，如期待具体提升哪些技能，以及学员喜欢哪种授课方式和哪种培训形式等。

有时，培训师还要充分了解学员个人的从业经历、岗位特征、学习特点、性格特点和培训期间的配合度，以及学员以往接受过哪些效果好的课程和印象深刻的培训，还要重点关注客户方领导对于培训目标的要求和想解决的问题，界定哪些问题可以通过本次培训来解决等。

通过多种方式的调研来广泛搜集培训建议，交叉验证后确认培训需求，做到实事求是，避免客户方和学员表面的"伪需求"掩盖培训的真正要求。

其实调研过程中，不管客户方领导、培训组织者，还是学员，往往都非常愿意配合调研，因为大家都期待花了培训经费、花了时间参加培训后能真正有效果。调研还有一个更深层次的原因，就是提前推动客户方开展培训需要准备的事项，提前调动学员的学习兴趣。最后，调研的一个只有行业内"懂得"的核心作用是，降低学员对于培训的无限期望值，避免课程要求的讲授范围超出培训师所涉及的领域。

培训师可以亲自调研，或者请渠道方协助调研，但大部分是在培训机构人员的协助下开展课前调研的。调研的具体方式有：客户方经营状况分析法，问卷调研法（单选、判断、简答为主），关键人访谈，小组集中访谈，能力测试法，抽样调查法，现场观察法，线上访谈法，案例分析法，暗访调研法，网络信息搜集法等。

具体运用什么样的调研方式，需要结合培训的场景来选择，每种调研方式各有优势，可以单独或结合使用，最终以收集受训学员的具体问题为目标。不管哪种调研方式，设计的问题要通俗易懂，让访谈者愿意回答。注意承诺访谈的信息仅用于培训，让客户方和被调研者放心，对于敏感信息要给予保密。调研方式相关的培训类书籍内会有详细操作细节，本书只是阐述调研对于培训项目的重要性，并做类型的简单讲解，不再赘述。

在培训师时间和培训预算允许的情况下，可以安排培训师采用线下一对一访谈和一对多访谈，来观察学员日常工作的调研方式，帮助明确培训目标、学员知识现状、计划学习内容、需要解决的问题等。培训师要针对性地开发符合客户实际情况、符合学员现有水平，并能解决问题的落地实操性强的定制化课程，培训的内容太深或太浅都会导致培训效果不理想。

培训师在时间充裕的情况下，可以提前到客户方再次与客户方现场交流，更有助于抓住客户方的痛点，避免需求理解有差异，避免课上出现不符合学员实际工作情况的观点和案例，避免客户对于某些互动方式、案例讨论方式等不习惯。毕竟课程顾问或者营销顾问告诉培训师的需求，是经过自己的理解并转述的，不一定把握得精准全面。培训师与客户方对于需求的沟通越充分，解决培训问题时就越精准，执行培训课程期间的底气就越充足。此外，调研还能帮助培训师积累大量的一线实战案例，获得更多迭代自己课程的机会。

调研过程中，注意一定要让客户方的相关管理层参与进来，让客户方看到培训师的认真付出，这样会更大程度地增强未来课程呈现出的效果，提高合作预期满意度。

"学而时习之，不亦说乎。"出自孔子的《论语》。同样的思想可以运用到企培行业中。培训结束后，客户方更希望培训师能帮助客户真正解决问题，对于学员进行学习后效果和行为的评估，帮助学员有针对性地定制培训后学习计划，提供给学员相关的工具和方法，甚至希望提供培训师专属的直接就能运用到的教材和书籍。客户方往往还希望培训师给学员布置作业并进行督导，告知学员改进的方法，辅导学员完成知识落地转化。学员在实践应用中遇到问题，也希望培训师能实时答疑解惑。

帮助学员复习消化课程的内容和巩固知识，是对培训效果的一个延伸，能针对性地长期督导、辅导学员，提高学员进一步行动的意愿，提升学员能力，确保培训效果最大化地落实到工作中。

知易行难，训后转化时学员往往一动不动，需要培训师协助客户方采取一些措施和手段，解决培训后落地的难点。培训师可以协助总结梳理学员相关的反馈，鼓励学员积极行动，将培训的知识转化为实际能力，让学员相信自己能够将所学知识运用到工作中。培训师对于工作中的疑惑进行实时答疑，也能强化学习效果。这些做法，表面上给培训师在交付上增加了难度，增加了一定工作量，但随着培训项目周期的延展，通用集中式的课程会越来越少，取而代之的是基于某项业务的诊断＋咨询＋培训＋追踪＋陪跑式的，以解决问题和改善绩效为导向的赋能培训。组合式的培训方式成为趋势，为既会讲授大课，又能做实战型咨询的培训师提供了更多的发展空间，为把这个组合式运用得很好的培训师带来了课酬和课量增加的可能性。只能讲授大课的培训师，要想在培训行业的道路上走得更远，需要更好地适应当前培训的趋势，尽快系统地学习一下相关咨询技巧。

培训机构和职业培训师能够有效配合，发挥各自优势，最大限度地完成这种高质量培训，才能促使客户方持续采购培训师的课程和项目，这也是培训师提升职业认知、发挥培训最大价值、助力企培行业更好发展的有力保障，更是培训机构树立品牌知名度的机会！

三、实战培训项目示例

银行培训领域有一种针对银行网点全员的实战辅导项目，通过改变服务和营销行为及习惯，改善管理者的管理方法，针对性发现并解决问题，形成良好的工作模式，形成量化、细化的服务营销管理考核工具、表格、标准及制度，用于指导今后的工作。

一般每个网点的辅导周期为5天，或者根据预算让一位培训师可以同时辅导多个网点（辅导时间一般为周一到周五，每天辅导加晚课培训时长超过10个小时），培训师伴随着网点学员进行日常工作。

从早上银行全员晨会开始观察学员的流程规范，指导优化晨会流程。白天针对银行网点学员，观察服务和营销客户的整个过程，在客户离开后，针对服务客户过程中发现的问题进行一对一的指导，现场改善，现场提高。

晚课全员参加，考虑到培训总费用，周边网点也可以一起参加晚课。晚课时，对白天所有学员的问题统一进行梳理，再次纠偏优化，并进行专项内容和知识点的培训。每天培训主题不同，难度也随之递增。每天还会结合日常工作场景进行训练通关，巩固培训辅导的内容。

现场辅导结束后，培训师往往会远程追踪固化学员的知识，协助客户方和培训机构，对于学员的问题进行实时总结和固定时间答疑，固化时间长达21天以上。这种培训辅导就非常受客户方和学员的欢迎，觉得落地效果很好，能真正解决实际问题。大部分银行都在陆续开展这种培训，给培训师带来了增加课量的机会。

第二节 培训机构的典型特征

企培行业中培训机构合作采购的要求越来越走向规范，更多的客户方培训项目或者达到一定预算的项目，需要培训机构采用投标的方式获得。职业培训师重要的客源渠道之一就是培训机构，从培训师的角度来看，了解培训机构是迫切需要解决的问题。了解培训机构日常是如何运营的，了解他们经营客户的特点和客户方的采购方式。知己知彼，百战不殆，这样培训师才能更好地与之合作，达到共赢的目的。

况且有很多培训师在讲课到一定阶段后，为了自己在企培行业的更好发展，会尝试拥有自己的培训公司，直接面对终端客户，与企业合作。

企培行业机构细分化格局越来越明显，精细化运营也越来越突出。职业培训师需要了解培训机构的特点、规模现状、如何开展业务等情况，便于职业培训师更好地与之合作，这样才能为后期稳固的课量打好坚实的基础。

培训机构的特征主要有以下四个方面，如图2-2所示。

（一）专注产品。很多培训机构属于产品导向型公司，这类公司往往是以培训师或专家型人员为主开创的，或者说某项产品有一定的行业客户认可度，比如服务类课程、管理类课程、营销类课程、心理学类课程、战略咨询类课程、人才测评类课程、互联网类课程等。但是每家企业对于某些产品的采购不会永远持续，已经通过过往合作与客户建立了课程好印象的，需要不断增加新的培训师或者课程产品来满足培训机构的营收要求，这样一来，一些课题互补的培训师的合作机会就会增大。而职业培训师在了解了客户需求产品的大致类型后，主动推荐符合他们

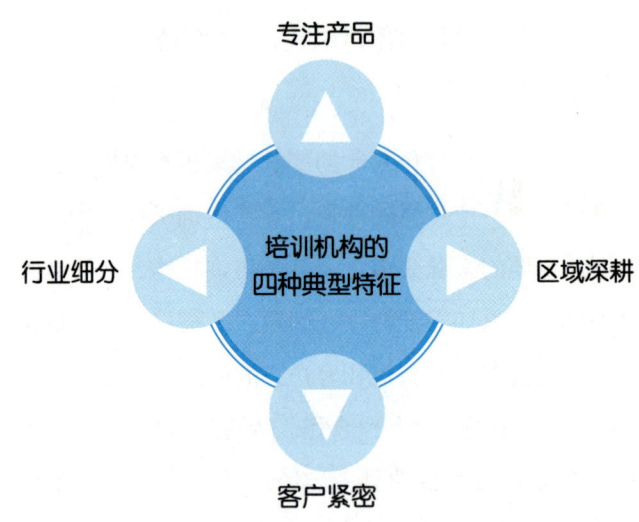

图 2-2　培训机构的四种典型特征

需求的优势产品,合作成功率就会增大。另外,这种专注产品的培训机构往往在市场推广上相对比较弱,如果遇到销售型合伙人,在某个阶段会发展得更快。

(二)区域深耕。很多培训机构主要围绕一个省或者部分区域做一类或者几类客户,与当地的一些企业建立了很深的关系,并且在区域中开展内训、公开课、沙龙等培训项目。这些培训机构对于客户群体很熟悉,因此会借此衍生更多的培训机会,但是重点放在区域客户深耕,就会忽略产品研发。这对职业培训师来说又是很好的合作机会,一方有产品,一方有好课和好项目,如果培训师正好也在区域中,甚至可以有更加深度的绑定,共同持续研发产品以满足渠道的需求。

(三)客户紧密。具体指的是销售占主导的培训机构,这些培训机构专注于某些客户或者某一类客户,虽然市场很窄,但是因为聚焦细分客户,导致培训机构对于客户的发展情况很熟悉,知道如何更好地通过培训提升客户方的各层级岗位、各专业岗位的人员能力和素养。甚至有些培训机构还会把服务做到极致，比如学员现场管理、氛围营造等。这些培训机构需要的就是好的培训师、好的课题、好的项目。因为长期维护建立的信任，这种培训机构的客户会给职业培训师更广的课程发挥空间和专注研发长期项目真正解决客户问题的机会，或者说会给职业培训师开发最新项目的"试点"。当然，长期项目也是留住客户，达成长期合作的方式之一。

（四）行业细分。企培行业还有一个特点，受培训机构早期客户资源少和团队能力不全面等因素的限制，越来越多的培训机构是专注在某个细分课程领域做培训的，比如银行业、电力行业、通信行业、保险行业、房地产行业、医药医院、互联网行业、旅游业、休闲体育行业、汽车行业、餐饮行业、酒店行业、建材家居行业、商场超市等。这种企培行业的细分化，便于给客户提供完整系统的解决方案，也给职业培训师更多的课量保障，而又不需要培训师面对全部企培行业。

第三节　与客户方的通用合作流程

想要了解终端客户的采购和决策流程，应该关注重点是什么？作为职业培训师，在与培训机构合作过程中，弄清楚目前处在哪个阶段，便于互相更精准地配合，提高合作成功率。具体来说，通用合作流程有以下几个阶段，如图2-3所示。

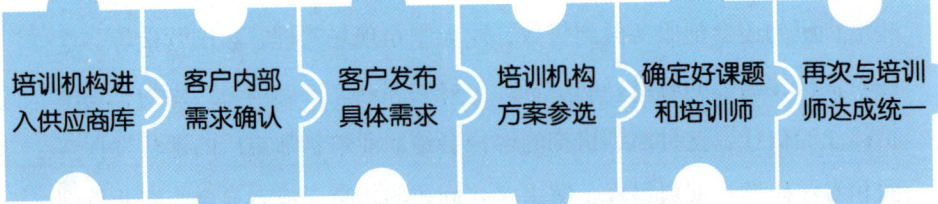

图 2-3 通用合作流程的六个阶段

（一）培训机构进入供应商库。随着企培行业整体越来越规范，以及客户方越来越考虑如何避免与资质"不合格"的培训机构合作，以减少请不到最佳培训师的担忧，大部分客户方要求培训机构按照招标要求进行投标，客户方通过招标按照综合实力排名，选取一定数量的培训机构，进入客户方的年度供应商库。

（二）客户内部需求确认。客户在采购具体的培训项目时，往往对于需求只是初步想法，而可能跟培训师和培训机构接洽后，会完善优化想要达成的目标。这也是培训师和培训机构提前介入的好机会，可以把对于自己有利的项目理念和执行方式传达给客户，来推动项目合作的成功概率。

（三）客户发布具体需求。客户方有具体需求出现的时候，会从供应商库定向选择想合作的培训机构，也可以发布需求给供应商库中的所有培训机构，各家培训机构根据客户方提供的课程目标、目标学员、培训周期和对培训师的要求等进行针对性匹配。

课程匹配度越好的培训师，不仅能有更高的合作成功率，而且在未来合作中获得满意度的可能性也更高，就更有可能被认为是优秀的培训师。虽然各家培训机构的培训满意表基本一样，但是不同客户方的学员对培训师满意度的内心评定标准会有些许的不同。

（四）培训机构方案参选。客户方采购部分培训项目时，在一定预算内的，有时候可以自行选择。有些项目超过采购预算，才需要针对方案进行对比挑选。培训机构需要按照客户方的需求进行培训方案的制作，从培训师资历、服务类似客户的情况、本项目以往案例、报价等方面进行综合竞争。

（五）确定好课题和培训师。在投标方案中，因为客户方对于时间有要求，首推的培训师可能匹配不了，或者方案中可能会推荐多位培训师，所以客户方根据课程时间要求与一些细节要求，会再次与培训机构确定培训师。因此有些培训师会发现，前期花很大精力协助培训机构撰写的方案，最后不了了之。这有可能是客户没有选择你协助撰写方案的培训机构，也有可能是你协助的培训机构因为档期和最终客户预算的原因选择了其他培训师。这也是企业方采购流程复杂，存在很多变量的原因。

（六）再次与培训师达成统一。在培训时间都确定下来后，客户方会与培训师根据项目规模等情况，选择面谈或者线上再次沟通。对于培训目标的要求和培训中需要注意的细节，培训师应提前与客户方达成一致。甚至在培训师未出课件之前，客户方也想听听经验丰富的培训师对于此次培训的建议和想法，进一步感受培训师的风格和经验等情况。

银行领域客户招标时的供应商入库评分表示例，如综合评分法招标标准和表2-1所示。

综合评分法招标标准

条款号	评审因素	评审标准
1	详细评审	分值构成 （总分100分）	（1）商务得分：25分 （2）服务得分：33分 （3）报价得分：42分

一、商务部分25分（评标委员会共同认定）

1. 综合实力（5分）

具有与培训服务相关的软件著作权、作品著作权，每个得0.5分，满分5分。证明材料：登记证书复印件加盖公章，原件备查。

2. 成功案例（20分）

（1）自××年××月××日以来具有六大国有银行（工、农、中、建、交、邮）省行及以上机构培训服务业绩的（金额不少于10万元），每提供1份合同得2分，满分为10分。

（2）自××年××月××日以来具有××行业知名机构培训服务业绩的（金额不少于10万元），每提供1份合同得1分，满分为8分。

（3）除上述情况外的其他业绩（金额不少于10万元），每提供1份合同得0.5分，满分2分。

开标时携带合同原件备查及相应文件中的业绩证明（复印件）必须与所提供原件一致。原件未提供或原件与相应文件不一致均不得分。

二、服务部分33分

1. 服务方案（15分）

（1）项目配置的专业服务团队，包括人员构成、数量、专业素质等。优秀的得3.5～5分（含），良好的得1.5～3.5分（含），一般的得0～1.5分（含），由评委酌情打分。

（2）针对本项目的运行机制，包括需求分析、服务措施、管理模式等进行描述。优秀的得3.5～5分（含），良好的得1.5～3.5分（含），一般的得0～1.5分（含），由评委酌情打分。

（3）线上培训项目的服务能力，包括培训方案、设备、录播与直播场地、运营人员、培训成果展示等。优秀的得3.5~5分（含），良好的得1.5~3.5分（含），一般的得0~1.5分（含），由评委酌情打分。

2. 项目管理与实施（16分）

（1）假设邀请贵司承办我行××年度××培训项目，请设计1份培训项目实施方案（3天左右，可分期进行，可分线上线下方案）。优秀的得3.5~5分（含），良好的得1.5~3.5分（含），一般的得0~1.5分（含），由评委根据方案酌情打分。

（2）××年××月××日以来线上线下项目组织宣传能力。优秀的得3.5~5分（含），良好的得1.5~3.5分（含），一般的得0~1.5分（含），由评委酌情打分。证明材料：说明及案例，相关证明复印件加盖公章，原件备查。

（3）高校资源储备：对国内985、211、双一流大学与省重点建设高校培训资源（包括但不限于师资、场地、食宿）的储备情况，其中985、211、双一流大学每储备1家得1分，省重点建设高校每储备1家得0.5分，满分3分。证明材料：学校批文、签署的合作协议或其他可以证明的材料复印件加盖公章，原件备查。

（4）企业资源储备：对入选财富杂志世界500强的企业的现场教学资源的储备情况，每储备一家得0.5分，满分3分。证明材料：签署的合作协议或其他可以证明的材料复印件加盖公章，原件备查。

3. 优于需求的服务承诺（2分）

优于需求的其他服务承诺，包括但不限于后期培训效果的跟踪服务、系统的使用、免费提供培训场地等。优秀的得1.4~2分（含），良好的得0.6~1.4分（含），一般的得0~0.6分（含），由评委酌情打分。

三、报价部分42分

由评委根据方案酌情打分。

表2-1　培训师评分表

序号	评选指标		指标释义	标准评分
1	授课讲师能力（总分66分）	讲师资质	讲师应具有一定的授课经历、社会认知度。从讲师学历、专业背景、工作实践、培训领域、主讲课程等方面进行比较评分。	25分
2		讲师有无降级授课	讲师按授课对象分等级，如有降级，按所降等级进行比较评分。	5分
3		适应预判	根据选送的讲师单独录制的教学视频（5~10分钟），判断该讲师是否能够满足课程设计要求，并达到预期的培训效果等。	36分

第四节　提高方案成功率的要素

培训方案如果不聚焦客户的问题，就无法引起客户的共鸣，或者方案中的解决方式和培训内容没有从客户方的痛点出发，那么这个方案就算其他方面写得再好，客户都会认为不是根据他们的痛点需求设计的，也就不算是一个成功的方案，最终达成合作的概率会很小。

客户方的需求越来越细致，职业培训师的标准课程大纲很难满足，需要根据培训机构反馈的客户方的培训目的、详细需求等因素，协助调整和定制方案。培训师一定要站在客户方认为什么样的方案成功率高的角度去思考，比如课程内容设计的符合度、项目报价的优惠度、培训师的匹配度、客户关系情况、交付成果的预期性等角度,将它们融合在方案设计中,否则培训师长期协助渠道制作的方案没有被采购,或者成功率很低,培训师协助制作方案的积极性就会降低。作为职业培训师,我们与培训机构是一个整体,共同面对客户,我们需要掌握提高方案成功率的要点,便于赋能培训机构。制作高成功率方案的七个要素,如图2-4所示。

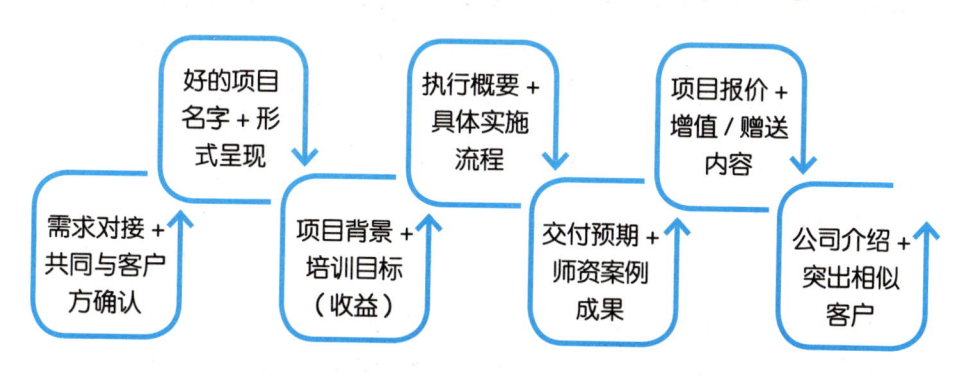

```
需求对接＋       好的项目        项目背景＋      执行概要＋      交付预期＋      项目报价＋      公司介绍＋
共同与客户   →   名字＋形   →   培训目标   →   具体实施   →   师资案例   →   增值/赠送   →   突出相似
方确认           式呈现          (收益)         流程            成果            内容            客户
```

图2-4　方案成功率高必须考虑的七大因素

（一）需求对接＋共同与客户方确认。培训方案一定要聚焦客户方的痛点,体现出如何针对性地解决痛点,以及通过哪些课程模块和培训阶段来实现预期的目标。有些需求可能是客户的口述,甚至是客户不愿意多说的,有些需求客户也仅仅给出了大概的方向,这就需要培训机构在原本需求的基础上进一步理解和整理培训需求,在转交给职业培训师前,要再次与客户方用文字进行确认,确认需求是否理解得正确。不太理解的需求一定不要猜测,要先确认。根据项目规模和前期调研预算等具体情况,培训师可以亲自或建议培训机构人员单独到达客户方,现场与客户方进行需求确认,否则后期花很大精力做的方案可能因为没有正确匹配需求，没有体现出客户方的痛点而做了无用功。

（二）好的项目名字＋形式呈现。设计一个培训项目名称时，一般要在客户方要求的主题下，结合客户方的痛点，用心提炼优化一个好的项目名称（主题＋副标题形式），比如"××特训营""××岗位行动学习项目""××人才全面成长项目""××营销实战班""××进阶班"等名称，这样会让客户方更加印象深刻，会让客户方对方案产生兴趣并认真去看。客户方一般会有年终总结汇报的要求，有的大型企业，每年也会从各个分部（分行或者分公司）选出优秀的培训案例，所以会更青睐于合作一个有成功先例的优秀培训项目。对机构来说，合作成功的好项目也会因为好的课题名称而在培训行业更具传播性和推荐性，带来更多意向客户。

（三）项目背景＋培训目标（收益）。很多培训项目的文案背景都写得很高大上，但是往往忽略了要结合客户方相关文件解读出的内容。好的文案一定要结合从客户方的发展战略中提炼出的与培训相关的内容。另外，客户方提出的培训目标也一定优先写在培训项目所要达成的目标前面，不能缺少，但可以拓展增加，这样客户方看到，会觉得超出了他的预期，增加了好感。这样才能最终呈现出结合战略背景和需求目标制作的方案，客户方就会认为是用心定制的。

（四）执行概要＋具体实施流程。方案都会有具体实施流程，执行流程以具体的、可实现的步骤为根本。多个执行流程分布在方案中时，客户方往往需要看到最后才能知道具体有多少个步骤。为了客户方有更好的阅览习惯，可以在具体的实施流程前增加一个总的概要，用一两句精要的话，描述每个阶段的执行流程，客户方就可以直观地看到需要哪些执行步骤才能完成项目。想再细致的话，可以在执行概要中或者目录中（增加二级目录）标注某个步骤在哪一页。这样更加站在客户阅览方案的角度呈现，更可以让客户感受到细节，明白这个培训机构的培训师是很注重细节的。

（五）交付预期＋师资案例成果。除了目标、背景、培训师等之外，还可以在方案中把培训师讲授的同类课程和项目案例重点突出出来，用相关的案例成果引起客户方的兴趣，让客户方对培训师有信心。

（六）项目报价＋增值/赠送内容。培训师协助撰写方案时，在报价方面除了常规的各类成本费用明细外，还要多列出本项目的增值、赠送内容，不仅培训机构可以有增值服务，培训师在自己的时间、能力、费用、工作量允许的情况下，也需要多增加一些增值服务。增值服务的明细一定要多，免费赠送部分的"参考报价"一定要高，让客户方觉得获得了很高增值价值的内容，支付的培训费很划算。

（七）公司介绍＋突出相似客户。很多方案中的机构介绍，基本都是固定格式，其实机构介绍也需要根据不同的项目或课程进行微调整，比如服务客户的顺序调整、突出服务案例的调整、类似项目评价的调整等。培训机构在没有服务过相关客户情况下，可以用培训师提交的方案中的部分客户作为补充，以此达到让客户方既看到机构综合实力，又能解读出机构在此次培训项目上的优势。

再次强调，方案中一定要体现出客户方的现状、痛点，把客户方的思想和观点融入方案中，比如把客户方提出的思路放在前言或者背景中，让客户方感觉到这是专门为他设计的方案。在方案优势方面，我们可以体现出与同行竞争对手的差异，聚焦培训师在行业中的优势和亮点，让客户选择我们时对我们能呈现的效果更加放心。制作重要的项目方案时，培训机构也应该让参与的培训师提前与客户方进行沟通，让客户方感觉到培训机构的实力及对项目的重视，通过这种形式体现出对客户方的尊重。

对于大型项目方案或者与客户方高层领导直接对接的方案，培训师在协助培训机构与客户方确认复杂项目的方案时，优先选择当面汇报。部分需要线上发送给客户的方案，最好再用一两页的内容简要描述下培训机构在此项目上的优势，以及能帮助客户方达成的目标和效果。方案设计评分相关表格的示例，如表2-2和表2-3所示。

表 2-2 招标要求参考评分表

序号	项目内容	内容说明	评分说明
1	培训项目方案的设计水平	从需求贴合度、岗位相关性，以及专业性、针对性、实用性等方面进行评价。	第一档5～6分，第二档3～4分，第三档0～2分。
2	方案内容设计	课程名称、课程大纲、师资及简介、授课方式、预期目标或效果、教学服务等要素。	根据方案设计情况，按规则计分，最高6分。
3	专业课程的设计水平	从目标、内容、形式、逻辑和过程等方面进行评价。	第一档3～4分，第二档2分，第三档0～1分。
4	设计一门时长约3小时课程	包括以下核心要件：课程名称、课程大纲、课程演示稿本（PPT）、试题库、素材资料库等。	根据课程设计情况，按规则计分，最高4分。

表 2-3　方案设计评分表

序号	评选指标		指标释义	标准评分
1	授课实施方案	培训前调研	针对培训主题，在培训前开展调研工作，按调研内容进行比较评分。	3分
2		课程体系	设计的培训课程应贴合培训需求与培训目标。从培训方案的完整性、实用性、匹配度等方面进行比较评分。	3分
3		授课形式	对授课形式的创意及多样化进行比较评分，包含但不限于讲师讲授、案例分析、视频互动、角色扮演、游戏体验、情景模拟、实操演练等。	5分
4		培训中管理	对培训中的班级管理方法，如阶段性作业检查、批改，培训中及时推送图文信息，激励学员的措施等内容，进行比较评分。	5分
5		培训后辅导	方案内有无包含服务期内对培训内容进行培训后辅导的方法，对辅导内容包含但不限于疑难解答、过程指导等进行比较评分。	5分
6		效果跟踪	方案内有无对培训班的授课效果进行跟踪、分析、报告等方面的内容，对此进行比较评分。	5分

第五节　培训机构投标的影响因素

职业培训师分为自由培训师和培训机构内部培训师，因此很多培训师会参与培训机构的投标。目前培训机构渠道会从成本和收益方面思考投标成功率，特别是现在越来越多的培训项目通过投标获得客户，培训师直接参与的部分也越来越多，所以作为培训师要掌握这部分内容。

投标成功的因素也可以分场内因素和场外因素，场内因素指的是培训机构的综合实力和以往合作案例，场外因素指的是客情关系。

目前场外因素占比例相对较多，未来场内因素的影响力会超过场外因素，这就要求培训师不断增强专业性，并处理好客情关系，才能产生高投标率。既然各种因素决定投标成功率，那么本节就从培训机构投入成本入手，去除标书购买费用、交通打印费用、文案人员投入的工作量等杂项后，让培训师全面了解哪些标可以投，哪些标需要主动放弃，将有限的精力放在中标率高的项目上。

目前行业正常投标成功率在20%左右，一些培训机构能达到40%以上，还有的培训机构不到10%，从行业内负责文案的朋友的反馈来看，培训行业平均每份标书的完成时间需要6天左右，投入基本费用平均在3000元以上，这不含刚才提到的撰写标书的文案人员的对应薪资，也不包含需要培训师协助的部分工作的酬劳。

培训机构要主动放弃部分中标概率小的标，比如资质证书、案例协议等这些商务得分不占优势，差10分以上的话，基本没有必要参与投标，不过与客户事先约定而中标概率很大的除外。培训师要了解准备合作的培训机构目前投标某个项目的初步估分，这样能避免培训师投入大量的时间成本在自认为好却没能中标的方案上。

如果没有一定数据做支持说明，仅从培训机构营销的角度来看，肯定每个标都想投，有些机会不大的情况下，也期待运气好能中。而从客情关系和项目专业性的角度来看，建议主动舍弃一些标。作为培训师要有明确的判断，特别是协助某些培训机构投标却多次不中后，对这些培训机构要减少在投标方面的支持，转而支持成功率高的靠谱机构。

全面了解培训机构投标某项目的现状，培训师才好决定是否参与。更重要的是培训师愿意深度参与的投标项目，在培训授课获得课酬外，项目成功后还可以进行二次分润。因此，培训师就需要了解培训机构投标过程中可能产生的相关成本费用，了解培训机构与客户方的关系，并据此决定哪些项目需要积极参与，哪些项目不值得花更多精力去参与。培训师对于培训机构的投标成本和投标成功率有了更好的理解，与培训机构在利润分配上就能达成一致。培训机构成本核算表的示例，如表2-4所示。

表2-4 培训机构投标内部成本核算表

数量	类别（入库/入围）	客户名称	方案制作（天）	标书购买费用（元）	杂费（交通、住宿、打印等）（元）	是否成功	成本总计(元)	投标成功金额（元）	其他（包含讲师协助成本）
1									
2									
……									

第六节　培训机构的师资档案管理

每家培训机构都会建立外聘或者签约的师资库，也就是做培训师的档案管理。这不仅仅是为了满足筛选外部培训师的需要，更是培训机构向终端客户推荐时的依据。培训机构要萃取培训师的优势和亮点，并呈现给终端客户，以便更加精准地满足客户每次采购的要求。

职业培训师的简历，要有侧重点地突出过往从业经历、主讲方向、重点合作的客户、擅长的课程等，具体包括与课程有关的突出标签是哪些，是否有自己独有的培训模式，授课的风格是什么样的，授课的评分大概多少，与哪些培训机构有过合作等，最终能让培训机构熟悉培训师各自的特点，这样培训机构才能向合作客户做重点推荐。以下是一些培训机构管理培训师的表格示例，培训师可以参照了解合作的培训机构的师资管理特点和要求，如表2-5和表2-6所示。

表 2-5　合作培训师管理表（示例1）

序号	姓名	领域和专业	擅长课题	偏重哪种类型客户	标签或关键词
1					
2					
……					

表 2-6 合作培训讲师管理表（示例 2）

序号	类型序列	培训师名称（按优先顺序）	讲课特点
1	管理序列		
2	保险序列		
3	服务序列		
……			

客户方除了关注培训师的基础资料外，还可能看重的是推荐理由，想要知道推荐的培训师与其他培训师有哪些不同、有哪些亮点等。下面是客户方采购各家机构项目时，统计推荐的培训师的表格示例，如表2-7和表2-8所示。

表 2-7 客户方招标采购培训项目推荐培训师统计表（示例 1）

序号	推荐公司	授课方向	课程名称	讲师姓名	曾授课单位	担任讲师年限	课酬	推荐理由
1								
2								
……								

表 2-8　客户方招标采购培训项目推荐培训师统计表（示例 2）

序号	授课领域	培训师姓名	师资级别	师资简介	主讲内容类别	相关课程	最高学历	备注
1								
2								
……								

注：1.授课领域栏按照国企党建、业务经营、管理能力及综合管理、职业能力提升，分类填写；2.每行填写一名培训师，单个培训师涉及多个授课领域的分行填写；3.师资级别栏，按照副高级以下、副高级技术职称、正高级技术职称、院士，分类填写。

第七节　提前推动投标成功

职业培训师要十分清楚标书制作情况，这样就能知道如何更好地协助培训机构提升投标成功率。做过标书的人都清楚，如果基础资料全，做起来就会得心应手，但实际做标书的时候往往会发现缺少各种材料，而有些资料其实是需要培训机构提前进行准备的。标书制作不仅仅是文案部的事情，它需要培训师与多个部门共同推动标书撰写，一定要形成标书写作和素材准备的分工。对于一些投标方案中经常使用的文件，培训机构要提前把模板发给培训师，让其协助编写，从而增加效率。重要的是，关于培训师的相关情况，培训机构需建立一个统一的分类标准来提高效率。

下面对投标中与培训师有关的五个事项进行说明，如图2-5所示。

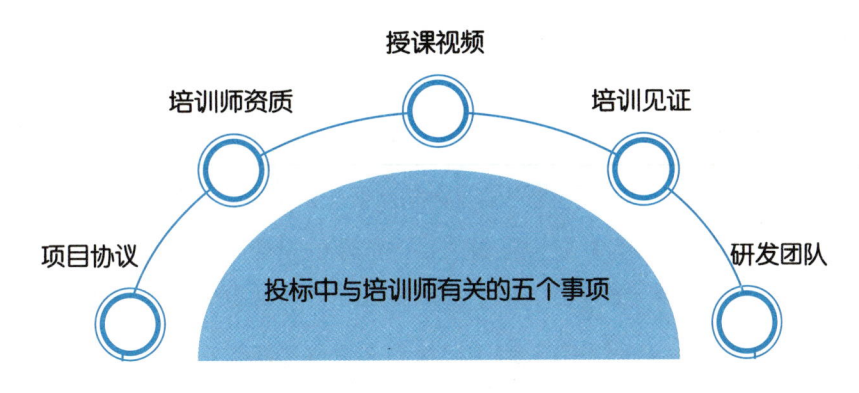

图 2-5　投标中与培训师有关的五个事项

（一）项目协议。按照客户类型、课程类型、项目类型、协议金额等进行分类，每个项目只要一签约，就要扫描归档，做好标签文件备注。

（二）培训师资质。包括培训师的最高学历，与授课主题相关的资格证书，是否有相关行业的培训经历，是否在相关行业任职中高管等。培训师与机构对接时，除了提供课程包之外，还要向培训机构提供相关资质证明，这都是为投标做提前准备。现在的培训行业越来越倾向于以项目投标的方式与终端客户达成合作，培训师的证书资质能带来更多的合作机会。

（三）授课视频。培训师可以录制5～10分钟的视频，以授课现场版本的视频为宜，提供给培训机构用于投标时的展示。有些客户采购课程时，希望能到现场听一下培训师的课程，但实际操作起来很难。不仅仅是因为客户方成本的限制，主要是因为培训师在其他地方授课时，不一定代表这家培训机构，而其他家的培训机构非常介意同行带着客户来听自己客户的课程，以防信息泄露。

因此现在投标时，客户方往往需要培训机构提供相关培训师视频，便于客户方对培训师授课效果进行评价。有些培训师会要求课程助理，对预想中课程讲授特别精彩的部分进行录制，甚至有些培训机构会在征得培训师同意后主动录制一些片段。培训师对此可以放心，他们不是复制培训师的课程，更多的是为了投标和向客户做推荐。

培训师要提前为录制视频做准备，选取的授课内容要精彩，拍摄的视频要尽可能完美地呈现出培训师的风格和专业效果，否则视频效果不理想，容易造成负面影响。培训机构和客户方选择培训师时肯定选取最优秀的，如果这段5～10分钟的视频呈现出的效果都不理想，可想而知一天的课程效果也不会太好。

（四）培训见证。现场授课见证或效果评价证明，也就是客户见证。有客户方盖章的正式材料或者非正式的对话文字评价等更好，尽可能做到每场培训结束后培训师都能有一份培训见证，拍照留存也可以。一方面培训见证是具有说服力的证明材料，见证越多，与新的渠道谈合作时越容易成功；另一方面，不管投标合作的项目还是普通的课程，渠道为了向客户证明一位培训师能讲得好，也需要展示培训师过往授课的好效果。

留存培训见证时要注意对客户敏感信息的保密，展示的内容注意尽量与自己擅长的行业、擅长的课题等保持一致。

（五）研发团队。投标时，客户方往往会对培训机构的研发团队、产品团队的经验和实力进行评价。有些培训机构内部暂时没有自己的研发团队，一般会与密切合作的培训师共同约定，让培训师以合作模式为公司做背书。这对于很多具备研发能力的培训师来说是很不错的机会，也是与机构深度合作的契机。

下面是投标时客户方对培训师资质要求的典型示例，如表2-9、表2-10、表2-11、表2-12所示。

表2-9 培训师资质要求（示例1）

评价角度	分数（分）	具体要求
师资证书	5	所有培训师持有AACTP培训师系列证书、GPST-TT国际培训师证书、企业培训师证书、行业评选的培训师荣誉证书等的总数，每提供一份相关证明材料得0.2分，本项最多得5分。

表2-10 培训师资质要求（示例2）

评价角度	分数（分）	具体要求
授课讲师资质	9	授课讲师同时满足以下任意3条资质，每一条得3分，满分9分：硕士及以上学历，国内知名企业顾问，持有注册会计师、AFP、CFP、CFA等金融职业资格证书，持有法律职业资格证书，银行一级分行中层管理人员或同等职务的从业经历。
授课视频效果	20	1.讲师普通话标准，思路清晰，逻辑严谨，表达流畅（0～10分）。 2.讲师课堂生动有趣，能调动学员学习积极性（0～10分）。

表 2-11 培训师资质要求（示例 3）

评价角度	分数（分）	具体要求
师资资质	40	培训师曾任大型国有银行省级主要领导、知名大学院校教授、大型国有企业主要领导的，只有 1 人的得 10 分，2 人的得 20 分，3 人以上的得 30 分；培训师曾任大型国有银行总行级主要领导、知名大学院校导师、大型国有企业主要领导的，只有 1 人的得 20 分，2 人得 30 分，3 人得 40 分。本项最多得 40 分。

表 2-12 培训师资质要求（示例 4）

评价角度	分数（分）	具体要求
师资要求	10	1.根据投标文件中提供的培训师资配置情况（包含学历、从业经验、资格证书等资料），优得 6～8 分，良得 3～6 分，一般得 0～3 分。 2.需提供至少一半培训师的正规授课视频（不含网络授课），每个不少于 3 分钟，视频格式为 MP4 格式。提供的培训视频的数量、时长、格式符合要求得 2 分，数量每少一个扣 1 分，时长不符合要求每个扣 1 分，视频格式不符合要求每个扣 1 分，直至扣完。

第三章

面向机构的对接与合作

第一节 与培训机构对接现状

职业培训师对于合作机构的特征要有足够的认知和了解，在与机构打交道的过程中分析自己的优势有哪些，这些差异化的优势能如何协助机构发展，如何为机构的客户创造更大的合作价值，如何为机构的客户的发展持续赋能，如何在机构提供的客户培训内容的筛选、识别和匹配等事项上起到至关重要的作用。培训师与培训机构对接时，往往存在以下状况，如图3-1所示。

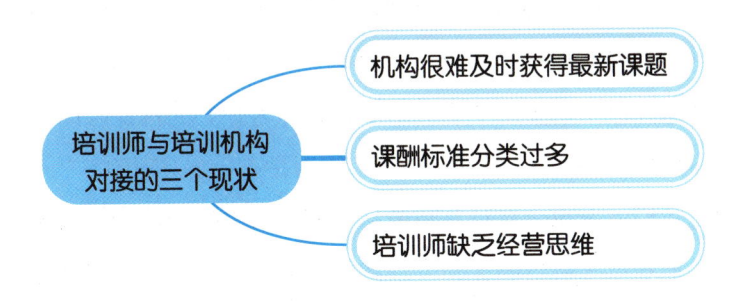

图 3-1 培训师与培训机构对接的三个现状

一、机构很难及时获得最新课题

培训机构通常认识很多培训师，培训师同样认识很多培训机构或者渠道，但是培训机构仍然很难及时获得最新课题。这主要是因为互相之间虽然认识，但是职业培训师短期内很难获得新认识的培训机构的信任，培训师也很少会主动向新认识的培训机构推广自己或展示自己的课程实力与课程亮点。另外，尽管有些培训师更新课题和研发课题的速度很快，但培训机构对于已经合作但是合作不多的培训师的印象，往往停留在最初能讲的课题上。

虽然都处于一个圈子中，但沟通的渠道很有限，培训机构没有具体课题需求，也不太会主动与培训师联络。基于以上原因，职业培训师想要增加课量，就需要跟培训机构等渠道多互动，让渠道对自己的课程和授课水平有更及时、更全面的了解。

二、课酬标准分类过多

行业内经常有朋友互相交流，有些培训师的课酬标准分类太多，比如学员人数达到一定数量后，每增加多少人就需要增加多少课酬；学员水平不同，讲授的课题的难度不同，课酬也就不同；授课时间不同，课酬也不同，如有的培训师周末要陪伴家人或者周末被预约得多，因此用不同的课酬标准来调整甚至引导培训机构与客户方的排课时间。以上各种设定不同的课酬标准从培训师的角度来看是有一定道理的。

但是我们前面也分享过从目前客户的采购流程和培训市场现状看，培训师是很难引导最终的客户方理解培训行业的，过多的课酬标准反而给培训机构带来挑战。因为客户往往是按照课时付费的，认识的培训机构很多，很难完全记住每位培训师详细的课酬标准，跟客户说原因，客户不理解，即使负责培训的人员理解，客户方的采购部门也不会理解。同样的培训师，不同的授课情况下区别也很大，中间出现什么问题，不详细说明，有些培训项目可能面临利润减少甚至亏损的情况。因此培训师可以与培训机构交流排课的需求，尝试间接引导客户，但是不要按照太多标准去执行，否则容易造成机构因怕麻烦而与培训师的合作意愿降低的情况。

三、培训师缺乏经营思维

很多培训师的课程内容并不差，但却缺乏经营思维。在与培训机构或渠道对接时，培训师要学着像经营公司一样经营自己的课程。

（一）要有产品思维。要思考如何推广自己的课程，要了解合作的机构的客群是哪些领域的客户，合作机构以往主要推广哪些课题，是否跟自己的讲授课题相符合。知己知彼，才能结合自身擅长的领域向渠道做好推荐，否则课题方面不匹配，会浪费自己不必要的精力。

（二）要有合作思维。培训师与各种渠道合作时，想通过渠道产生更多的课量，就需要有站在对方立场的合作思维。

（三）要有规则思维。培训师通过渠道获得排课机会，按照规则代表渠道进行授课。如果个别培训师为了短期利益绕过渠道直接与客户合作，就会失去渠道的信任和圈子里的口碑，从而失去长期的、范围更广的收益。

第二节　与培训机构初次合作的注意事项

职业培训师想要保持或提高课量，就需要不断拓展新的合作机构。培训师在与一家新接触的培训机构合作时，需要注意以下事项，如图3-2所示。

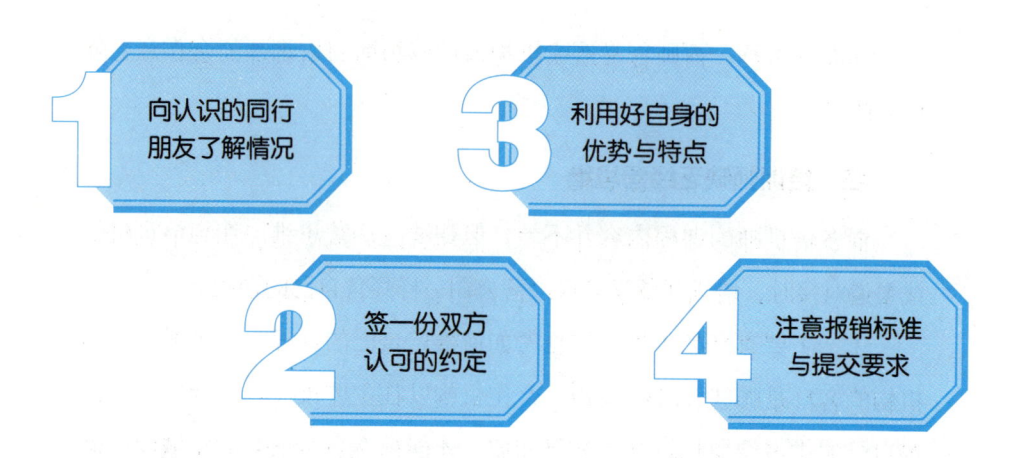

1. 向认识的同行朋友了解情况
2. 签一份双方认可的约定
3. 利用好自身的优势与特点
4. 注意报销标准与提交要求

图 3-2 与培训机构初次合作的四个注意事项

一、向认识的同行朋友了解情况

培训师与一家培训机构从认识到初次合作，平均周期往往在6个月以上。培训师在认识一家机构的过程中，会通过对接了解培训机构的经营概况，并确认是否可以与此培训机构进行合作。有很大的合作意向后，培训师也可以再向信任的朋友了解这家机构的综合情况，比如认识的培训师同行是否与这家机构合作过，自己之前合作过的其他培训机构对这个机构的评价如何等。培训师也可以通过师资经纪渠道了解这家培训机构的经营状况、主要负责人的情况、课酬付款的情况、在行业中的背景和口碑等。培训师还可以通过第三方企业查询培训机构以往的招投标情况、竞争对手情况，以及是否存在经营风险、法律诉讼等。

二、签一份双方认可的约定

非正式的合作要看看是否有信任的朋友做推荐和背书，而正式的初次合作时，培训师与机构一定要签署一份合同，合同内容不用特别复杂，比如是否允许培训师录音录像？线下课是否可以接远程视频？培训机构、渠道或者客户方是否可以单独支付录制的费用？其中重要的一项是，线上课程不支持回放，直播结束或者两日内，必须下架，如果需要回放，必须征求培训师同意并支付一定费用。

培训师最好也跟机构、渠道和客户提前说明情况。如果客户方或者培训机构方支付了培训师录音录像的合理费用，培训师在提前做好准备的情况下，倒不妨允许录制。其实从另外一个角度来看，网上各类培训师的授课视频很多，录音录像后也不一定就会被复制学习，甚至网络的传播反而还会提高培训师的知名度。每位培训师对于录音录像带来的传播后果和课酬都有自己理解和期望，只要培训师与渠道和客户方提前做好沟通就可以。

满意度评价标准和课酬结算要求的约定很重要，客户方和学员评出的培训满意度，很长一段时间会是衡量培训效果的重要参照，甚至是唯一指标。行业往往会参照测评方式的不同，把满意度90%（很满意、满意、尚可、不满意）或者8.5分（10分制），作为一个培训效果的评价要求。培训行业往往有一些多年形成的约定，尽可能避免合作上的模糊问题。

培训师收到课程效果不理想的反馈时，不要找理由，比如学员不配合，学员对老师太严苛，有些学员还是很满意的，客户方领导也说有收获等。

这方面大部分渠道和培训机构都是靠谱的，而且前文中也分享了培训师在前期选择合作伙伴时寻找靠谱机构的方法，培训机构不会随便说效果不理想。第一，评价培训效果时有真实评价表，甚至有客户方的反馈证明。第二，对于渠道和机构来说，发现一位好的培训师非常不容易，是不会不珍惜的。如果培训效果好，渠道和机构却说不好，用这种方式克扣或不支付培训师课酬，则不仅失去了培训师，还失去了给培训机构带来的复购或轮训的机会。第三，培训行业圈子小，传播速度快，一旦其他培训师知道某位培训师培训现场效果好的前提下，培训机构却不给培训师结算课酬，其他培训师也就不敢与这家培训机构合作了。第四，客户方满意，渠道和机构却说不满意，客户方知道后也不屑于与这类培训机构再次合作。

因此，培训师如果没有很好地交付课程，要勇于承担责任，当然应该以最高不收全额课酬为限。行业现状就是，如果在满意度在90%以下或者8.5分以下的话，基本代表培训师本次交付的课程和项目效果不理想了。

行业也会有一种情形，部分培训项目或者一些业绩类的项目，因为执行过程中的各种因素导致客户方的培训费未全额结算，甚至客户方没有按照协议约定去结算。有时候金额不多，培训机构也不想跟客户方关系闹得太僵。这种情况可能跟培训师的关系不大，但是也有过多位培训师主动与已经合作多年的渠道和培训机构共同承担这类无法掌控的损失，少收取课酬，甚至象征性地收取课酬。一些靠谱的渠道和机构，往往知道这种情况并不是培训师的责任。由于培训师的理解和支持，机构会感恩培训师，后续会持续推广和采购这些培训师的课程。当然，这里不是让所有培训师都这么做，培训师付出了劳动，应该得到课酬的回报。只是在特定情形下，培训师可以将其作为与靠谱的渠道和机构维持长期合作的方法参考。

课酬支付方式和支付的时间等核心问题需要做详细的说明，特别是一些周期较长的培训课程或者咨询类项目。行业内一般课酬支付时间在课程结束后7~30天，周期特别长的可以按照当月结算的方式，也可以按照以交付阶段工作量和培训师成果作为课酬支付依据的方式。

在初次合作的情况下，以及在对合作渠道或者机构不是很熟悉，从同行中也暂时难以了解的情况下，为了避免结算风险，培训师也可以要求课前支付50%，课程结束当天支付剩余全部，或者所有课酬都在结束当天结算。有的合作课程周期长，可以选择每一堂课结束时支付，也可以选择每个月计算当月课量，下个月的10号之前结算课酬的方式，需要提前说明。对于以往合作不愉快或者不靠谱的机构，要么不合作，要么就是课前1天支付全额课酬。这些可以根据情况做灵活操作。

当然有时候需要签署一份正式的合作协议，双方在协议中可以约定一些事项，后期合作中没有异议，也可以参照此协议条款。经常遇到朋友说某方对于协议细节审核得比较严格，其实那些培训机构大部分都是重视行业规则的，金额不大的情况下没有太多必要在协议中做过于细致的约定，否则以后就算合作，整体也会有些许的不愉快。

三、利用好自身的优势与特点

每位培训师都有自己的擅长领域和课程标签，在前期沟通时要凸显出自己的课程领域优势，比如重点讲哪些课程，课程的风格是怎样的，与其他同类课题的培训师有哪些区别，服务的重点客户是哪些，如何与培训机构形成互相区域保护等。培训师要根据自身情况有摘要性说明，这有利于培训机构针对性地推广。

四、注意报销标准与提交要求

每家培训机构都有自己的一些报销标准，比如住宿的标准、餐费的标准、交通的标准，还有报销的发票要求等，一定要提前确认，因为有些培训项目，客户方都交由培训机构去处理。当然在标准原则上，有些培训师因为个人原因导致花费超过了机构的标准，也会自己承担，前提是大家要做好初步确认，避免合作后在报销上面出现不认同的情况。

当然，培训师对于一些杂费也不用与机构做太过于精细化的核算。

比如，有些培训师往返家里的打车费，就不要过多去计较，如果渠道感觉培训师的事情少，合作很愉快，愿意多推出一天的课程，那么培训师一年的杂费就够用了，何况各个机构感知都好的话，多推出的课程肯定不止一天。

反观有些培训师，向机构或渠道寄送快递还让到付快递费，有时收件人不一定在，还需要其他同事签收付费后再报销，同事之间肯定会议论。比如培训机构与某位培训师第一次合作，可能会议论："怎么这位老师支付不起快递费？"或者合作一段时间后，议论："合作了这么久，我们推了这位培训师这么多课程，支付了这么多的课酬，一点点快递费还跟我们斤斤计较？"这时培训师如果还按照约定需要对方到付，尽管按照规则，这样做事没有错，但也会给培训机构留下不好的印象。

切记不要吐槽机构安排的住宿、餐饮等方面的问题，特别是不要分享在朋友圈和行业群中。否则从行业内一些培训机构的角度来看会认为培训师过于挑剔，担心未来合作中不知道会发生什么事情招惹到培训师，不敢与之合作，甚至担心培训师的发泄影响到自己的终端客户，影响与客户的合作。即使未来不得不合作，机构也会小心翼翼，担心引起培训师的不满。行业内一些培训师的做法值得借鉴，他们支出时会基于机构的预算，如果自己想住得更好一些，吃得更好一点，多出的费用则自己支付。培训师的课酬收入相对较高，即使每次合作都在餐饮住宿上补差价，对于一位每年课量100天以上的培训师来说，仅仅需要2天课酬就够了，不要让渠道和机构感觉培训师在这方面斤斤计较。损失一些小的收入，换来渠道和机构的认可，往往可以获得更多课量和更多的收入。

如果让机构感觉合作很不顺畅，那么在未来有些合作不是不可或缺的情况下，大部分渠道会选择省事、省钱的培训师。在这也多提及一个细节，就是职业培训师的常驻地，尽可能以交通便捷、经济发达的一二线或省会城市为主。这样的地区不仅让培训师出行舒畅，更是培训机构和培训师的聚集地，便于互相交流最新的行业信息、培训内容和授课方法等。聚集企培行业资源圈而增加了互相的联系，最终也会为培训师增加课量、增长课酬带来更多可能。

培训师与机构合作时，进行约定与说明的示例，如示例1和示例2。

典型合作约定说明（示例1）

感谢您的合作，我擅长于××等主题，目标学员是××等。
合作约定总体内容如下：

课酬标准	
支付要求	
课量优惠	达到多少课量时，课酬标准是多少。
课程要求	课程需要准备的物品和对学员的要求。
授课对象	
擅长行业	
典型案例	

| 其他说明 | 愿意协助机构与客户沟通、促单（尽量线上为主）；
不接受课题录音、录像，不接受线下课程的同步远程视频；
愿意与机构针对紧密合作的区域客户，洽谈深度合作事宜；
支付延迟一天，培训师有权要求按照百分之几的标准支付未支付课酬作为违约金；
愿意与机构、渠道内部或者紧密合作的培训师进行交流研讨，以及带新培训师（授徒）；
在临近上课三周内，渠道或机构还未最终与培训师确定达成合作，培训师有权取消预约。|

典型合作约定说明（示例2）

约定事项	详细说明
线下课酬标准	同一地点2天及以上课酬是××元，1天课酬是××元，课酬均为税后价，其中1天的线下课程，高铁超过3小时的不考虑。常驻地是××市。
学员人数与课酬的约定	考虑到培训效果的保障，学员人数不得多于100人，每增加20人，课酬增加10%。
非线下课程约定	线下课一般不建议接远程视频，一般不接受线下课程录制视频，部分课程和课酬高的情况下再约定。线上直播课程的课酬是线下课酬的150%，想录制留存的需沟通再确认。

第三章 面向机构的对接与合作 55

约定事项	详细说明
终端报价建议	考虑到竞争激烈程度，为避免恶性竞争，保护多方利益，建议培训机构的终端客户报价最好不低于××元，报价长期低于××元的培训机构，将减少直至不再与其合作，望贵机构理解与支持！（注明：此条仅适合只要愿意讲，年均课量轻松达到150天+，每天课酬万元以上，有行业知名度的培训师。）
培训特点说明	课程满意度高达98%以上，返聘率高达50%以上，课程方向主要为××，新的一年将在××项目上投入更多精力，欢迎培训机构详聊及合作。
约课说明	渠道和机构预约课程时，需提供授课主题、授课城市及客户名称等。初步预约可不提具体客户名称，但需提供企业类型。一旦需要与培训师最终确认时，需提供完整客户信息，避免合作客户冲突。
合作保护机制	愿意进行多次合作，以及具备区域和行业资源优势的合作机构，给予相关区域的部分或者全部培训项目独家合作权，互助共赢！
详细情况请查收课程包，期待多多合作！	

第三节　培训师授课具体约定

前面我们提到初次合作的注意事项，本节主要从多个模块分享授课期间的具体约定，如图3-3所示。

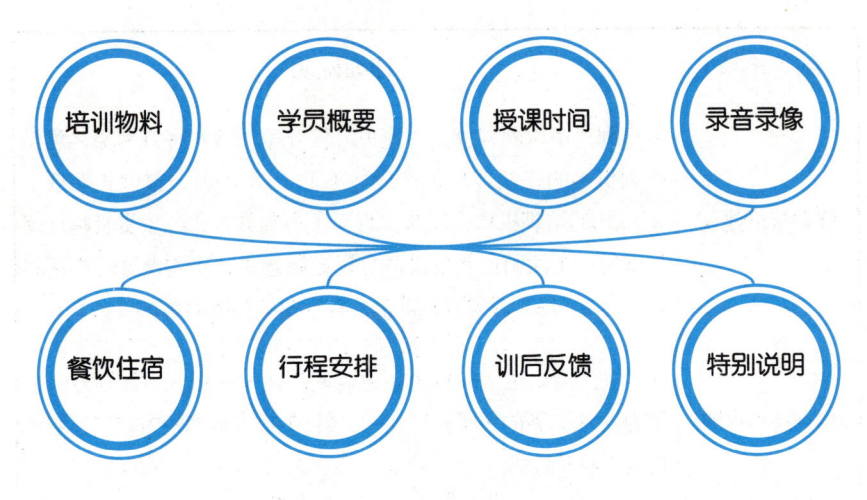

图 3-3 授课时需约定的八个模块

（一）培训物料。每次培训师授课，都应该根据培训课题和学员层面的不同，来提前做物料准备，以便获得更好的授课效果，确保培训的顺利进行。通常准备的物料有三类，如表3-1所示。

表 3-1 培训物料分类

类型	内容
工具类	备用电脑、U盘、转换头、学员用笔、大白纸、A4纸、翻页笔、拍照设备等物料及具体数量。
场地类	投影仪、麦克风、音响、条幅、音频线、电源插座、课桌摆放、签到台、座位牌、白板、白板磁铁、白板笔、茶歇、积分榜、分组要求、培训机构宣传海报、培训师介绍海报等物料及具体数量。
资料类	发言稿、建学习群、培训课件、随堂资料、积分榜、签到表、评估表、学员个人和团队奖品、优秀学员证书、集体合影、回顾视频等。

是否需要培训机构提前为学员建立微信群，是否提供本次课程的基础学习资料，让学员提前预习，以便于培训现场快速开展等，培训师可以根据情况做好清单管理，直接发送准备清单给到合作方，不用每次遇事再沟通，否则会增加沟通成本。

（二）学员概要。要了解受训学员的情况。为了满足客户方的针对性要求，培训师每次培训都要提前了解受训学员的各种情况，包括学员的岗位职责和工作中的难点，学员的年龄、职业情况、学历情况，学员的人数，便于提前做好分组规划。分组规划要考虑到客户方领导对学员的本次培训的期待、对课程和培训师的授课要求、对培训内容的建议等。进行培训需求调研时的表格示例，如表3-2所示。

表 3-2　培训需求调研表

需求事项	具体内容
课程名称	
客户名称	
学员情况	
培训内容	
客户要求	
合作客户	
其他说明	
联系人	

（三）授课时间。每天授课的课时是多长呢？行业内有6小时/天的，也有7小时/天的，所以要提前约定1天课时是多久，便于双方达成一致意见，也便于培训师备课。

（四）录音录像。有的培训师禁止授课过程中录音录像，有的要求录音录像独支付费用，这不仅仅有知识产权保护方面的考量，还因为有录像设备的情况下，有些培训师反而发挥不好，影响现场的培训效果。

（五）餐饮住宿。每位培训师都会在食宿方面有自己的习惯，比如对住宿环境的要求、餐饮口味的习惯等，这些可以提前给到培训机构做参考。如果培训师对住宿条件有特别要求，住宿费用超过合作方预算，可以自己承担超出部分的开支，当然目前行业内在住宿上基本都能满足培训师的要求。

（六）行程安排。对于培训师的行程安排，比如不愿意坐飞机、对高铁座位等级和位置有要求、到达城市后去培训地点的接送等问题，行业内基本都形成一定的习惯或标准，提及后就可以解决。过于细致的要求，会给培训机构在接待方面造成不必要的工作压力。当然，超过机构标准预算后，培训师愿意补差价的除外。

（七）训后反馈。即培训结束后，学员学到了多少知识，对于课程的接受度怎么样。培训师最好让培训机构给出一些学员的评价、总体的满意度、授课现场的照片等，用于对自己的课程进行复盘反思，也可以在日后宣传和简历中使用。

（八）特别说明。比如，机构班主任最好能在开场和破冰活动时进行协助；有的培训师因为第二天有课程，晚上需要备课，不方便在课后与客户聊天；对本次课程助理的专业性要求（课程不同，对助理的胜任要求也就不同）；部分城市会使培训师产生高原反应，去不了；不提供给客户方和学员培训师版讲义；协助机构出考题是免费还是收费；是否需要让培训师提前了解培训机构的情况，便于应对客户提问等。

第三章　面向机构的对接与合作

第四节　培训师的课酬约定

每位培训师都有自己的合作课酬约定，从与机构方合作的角度来看，课酬标准越简单，越容易让机构记住和操作，也更利于在没有专属助理和师资经纪的情况下进行推广，同时课酬标准越简单，越能减少与机构合作时的沟通成本。当然也有特殊情况存在，或者有些培训师有自己的考量。本节就针对行业内的课酬标准问题，做总体梳理和说明，便于职业培训师根据情况选择性使用，如图3-4所示。

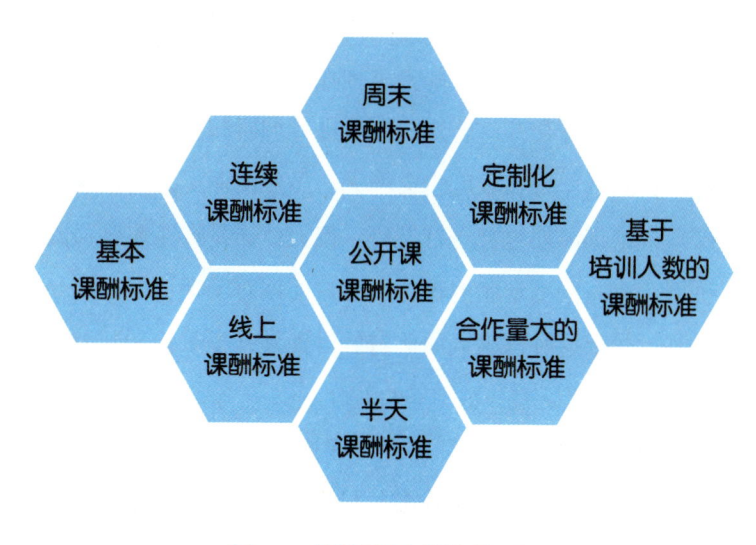

图3-4　培训师的九类课酬标准

（一）基本课酬标准。行业内一般会按照课时收费，通用按照每天讲授6小时来计算一天的课酬。很多培训师不管针对哪个层面的学员、哪个课题、多少人数，都是一个统一的对外报价，增加时间，就按照课时单价增加课酬，这种课酬标准的好处是便于渠道合作，也便于合作方采购培训项目的统一。

（二）连续课酬标准。有些培训师考虑到往返交通很占用时间，1天课程的实际占用时间与2天相差不多，或者有些课程2天培训效果更好，会用课酬优惠的方式，引导合作培训机构向客户尽量推荐2天以上的课程。

（三）周末课酬标准。考虑到培训行业的现状，很多客户方还是喜欢利用周末时间做培训，但培训机构和培训师希望共同推动客户方去习惯工作日安排培训，这样总体课量会有所增加。因此有的培训师会针对周末都愿意集中的时间，一定程度地提高课酬。同时，周末2天课程对比单独1天的课程又会有一点优惠，最终课酬也就比工作日高不了太多了。

（四）定制化课酬标准。部分培训师不仅会针对培训机构的需求重新设计培训大纲，还会针对客户的需求进行调研和深度分析，从而重新开发课程，相应工作量和难度也会增大。虽然前面提到要根据客户的需求定制课程，培训前期也会进行调研，但大体还是按照培训师固有的课程进行讲授。有些深度定制的课程，客户前期对于课件的内容会多次与培训师交流，对于这种需求调研后有针对性地开发案例和开发课程的情况，培训师的课酬可以有一定比率的溢价。

（五）公开课课酬标准。在公开课这类的项目中，培训机构往往会邀请很多客户，一方面学员众多，另一方面不同客户方需求不完全一样，这也就提高了培训师授课的难度。最主要的是，公开课一旦顺利开展，利润率相对更高，培训师的课酬也会稍微增加，甚至培训公司会与培训师约定达到多少人时按照什么标准支付，这也是为了激励培训师协助进行宣传和招生。

（六）线上课酬标准。培训行业对于线上培训的需求持续活跃，于是很多培训师通过线上直播完成培训课程的交付。目前行业内线上课程的课酬大部分比线下高，主要是因为线上学员受众多，课程覆盖广。而且线上课程的互动、讨论等相对减少，培训师的授课内容比线下同样课时要准备的内容更多，讲的内容也要多。因此线上直播的课酬，在不留存的情况下，一般为线下课酬的1.5倍左右。当然对于集中授课3小时，或者1天集中授课6小时的情况，每小时比单个1小时授课的课酬要低一些，因为培训师的授课时间被利用得更充分。还有部分线上课程，培训机构会买下培训师的长期使用权，为2次分发后赚取收益，培训师可以在线下课酬的基础上，按照2倍左右收取，或者对于培训机构有自己的学习平台的情况，培训师也可以按照点击率收取一定的课酬。对于这种按照点击率收取课酬的，行业内一般会按照1~2年有效时间向培训师支付课酬，主要是因为有些线上课程的内容会过时下架。此外，线上课程往往会有会员免费赠送或者全年可以看很多课程的观看机制，培训机构没办法详细计算出分配比率，对于大多数培训师来说还是一次性收取课酬为好。

（七）半天课酬标准。培训项目的设计要求越来越细致，有些客户方开展的培训班虽然总时长是几天，但是客户方希望涉及多方面内容，让学员多接触几位不同风格的培训师，为避免学员学习积极性不高，还会让培训师在最擅长的课程模块来讲授，于是就有很多半天的课程出现。当然大部分客户都理解这种方式会给培训机构带来很高的成本，而作为培训师，要知晓对于这类情况下的行业约定，一般情况下会按照全天课酬的80%支付，个别培训师会要求按全天课酬支付，但是连续1天以上的半天类课程会按照半天的课酬标准结算。在了解培训机构与客户方在培训费用结算方面的情况后，培训师可以视情况灵活处理，以协助培训机构尽可能促成与客户方的合作为原则，可以通过半天课程的效果，获取后期与客户方更多的合作机会。

（八）合作量大的课酬标准。行业内职业培训师每年课量在150天左右属于中等偏上。已经被一些培训机构和客户充分认可的培训师，一般会集中通过紧密合作的20家左右的培训机构完成这些课量，同时每年也都会新增一些机构或渠道。因此培训师就需要稳定住那些能带来较大课量的培训机构或渠道，一般每年合作10天以上的可以视为较大课量，进而可以给予一定的优惠，比如对经常合作的渠道的课酬要求比其他新合作机构或者量很少的渠道的课酬要求低10%左右，或者采用满10天赠送1天的方式，但是赠送的方式一定要设定一个有效期限，比如一年内计算一次等，鼓励渠道增加排课。

（九）基于培训人数的课酬标准。部分培训师考虑到培训效果，会基于学员人数采用不同的课酬标准，目的也是让培训机构对客户方做引导，在人数足够多的情况下，延伸出多个培训班。多个培训班不仅仅使培训师课酬总收入提高，也能为培训机构带来更多的培训费收入。比如行业内有些培训师往往要求学员人数不得多于100人，学员人数每超过20人，需要增加10%左右的课酬。

每次结算课酬时，培训师都最好再给合作渠道发一次课酬收取账户，避免转账错误。经常遇到培训师更换不同账户的情况，所以这个方面要提示培训师注意一下。

另外，即便看起来不同培训师的培训效果差不多，但是如果自身从业背景、合作的培训机构数量、计划采购的培训机构数量、服务的客户数量、从业年限、已经建立起来的充足渠道等情况，哪怕有一点点不同，都会导致课酬、课量有很大差别，过于攀比，会让自己更被动。切记，与其他培训师攀比课酬，会导致自身课量快速减少！

第五节　培训师对接合作的细节说明

培训师对接机构时有五个方面的细节需要注意，如图3-5所示。

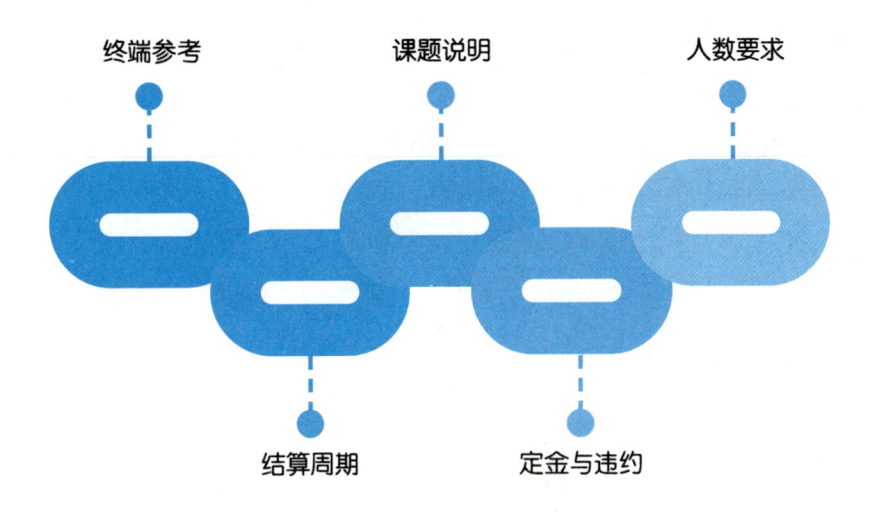

图 3-5　培训师对接机构时的五个细节

一、终端参考

有些培训师对培训机构的利润率有一定的了解，会从终端客户处了解到培训机构给他报的课酬；还有些培训师有一定的行业影响力，会建议培训机构向终端客户报的课酬不能低于多少，保证培训师的行业口碑并满足自身的课酬增长要求；还有的培训机构初次与培训师合作时，也会希望培训师根据自身经验给予一定的市场报价建议，以便在客户方面前更具备竞争力，并提高合作成功率。

二、课题说明

培训师主讲哪类课题？最擅长培训的客户类型是什么？专注于哪些学员层面？哪些培训形式更适合自己？品牌课程是什么？是否有自己独创的版权课程？很多培训师都说自己的某几门课程是拥有原创版权的，但是向机构初次介绍时，难以证明品牌课程的内容独特性，在客户听课之前，推荐力都不强。但是如果这几门课程有一个能够吸引客户和学员的好名字，就强化了客户对于课程的定位，培训师针对内容又申请了自主版权，再说明是品牌课程，就具有一定的推荐力了。另外，培训师还可以进一步对自己的课程讲授进行精要说明，如课程最适合给哪些岗位的学员讲，其中哪门课程被采购得最多，哪些课程是最新研发的等。

三、人数要求

部分培训师在课程设计中，要求学员人数控制在60~80人，这样能使课程中的分组、研讨、竞赛等活动达到较好的效果，人数超过要求可能会影响授课效果，或者增加培训现场的授课压力。即使行业内有部分培训师授课时的学员人数超过80人，一般也会要求每增加10~20人，课酬也相应增加。当然，也不会出现培训师现场数人数的情况，做这个约定其实是培训师与培训机构共同对客户做引导，目的是更好地向客户方做好培训交付。

四、结算周期

培训师非常关注培训机构的课酬支付情况，行业中培训机构向培训师结算课酬的时间一般在课程结束后7~30天内。这种支付周期相对合理，因为大部分培训机构与终端客户的结算时间都在1个月以上，这样能避免培训机构某个周期资金紧张。培训机构与培训师有一个合理的时间约定，让培训师放心的同时，自身运营也能比较顺畅，这也是前面要讲终端客户采购和培训机构运营的一些流程和特点的原因。对于长周期项目，渠道和培训机构与培训师往往会约定每个月统计工作量，次月的10号之前支付。个别培训机构会在培训结束后5个工作日内结算，这属于培训机构现金流很宽裕的情况，也是针对培训师授课效果很好，希望为未来合作建立更好口碑的情况。

有的培训师会要求初次合作的培训机构在5个工作日内结算课酬，甚至会要求培训机构当天结算，其实就是培训师对于这个机构还不放心。事先有约定但超时未支付的话，一般会按照合作课酬总额或者未支付课酬的1%~5%每天支付延误费。这些条款都是培训师为了避免遇到不良培训公司而设计的，大部分培训机构在课酬支付方面还是非常值得信赖的。

五、定金与违约

（一）关于定金。针对一些特定开发项目，或者培训机构提前很早预定培训师大量时间的情况，培训师会要求培训机构先支付象征性数额的课酬作为定金。这种情况一般按照总项目课酬的10%~20%作为定金，或者根据前期需要投入的工作量，双方约定金额并签署协议。

（二）关于培训机构违约。培训机构违约指的往往是预定培训师时间，却在没有任何理由的情况下取消预定，行业惯例是培训机构提前15天以上取消预定，定金100%返还；提前5天以上取消预定，定金80%返还；1天以内取消预定，定金不予返还。一般来说，培训师没有必要每次都提前收取培训机构的定金，只需要对初次合作或者经常毫无理由取消课程的培训机构收取，经常合作的培训机构，或哪怕初次合作，但了解之后信誉很好的培训机构，不用收取定金，因为这种方式可能会使培训机构不敢与培训师合作。机构都是想培训课程正常进行的，很多取消往往是客户方的变动导致培训机构跟着变动。总之，培训师选择信誉良好的培训机构和对真实课程需求做确认是最重要的。

（三）关于培训师违约。培训师一旦收取了培训机构支付的定金，临近上课5～10天以内无故取消课程，需要返还定金；5日内无故取消或者因为培训师的原因取消，需要按定金的双倍返还。这也只是作为参考，具体金额还是以双方约定为准，但培训师应该对此类条款知晓和理解。此外，由于天气、自然灾害等不可抗力取消课程的，双方各不担责。

（四）关于合作确认函。有些培训项目规模不大，培训师授课天数不多，且与培训机构是持续合作的，不需要双方每次都签订协议，从而增加不必要的工作量。培训师每次让培训机构出具一份简单的合作确认函即可，如下所示。

培训师合作确认函 / 课酬支付确认函		
××老师，您好！ 以下是我××公司与您合作的课程相关信息。		
1	客户名称	
2	培训主题	
3	培训时间	
4	培训时长	
5	培训人数	
6	培训对象	

7	课程要求	
8	支付时间	
9	合作课酬	
10	合作总课酬	
11	其他事项说明	比如：1.授课内容和课件以您最后一版大纲内容为准，课件请于开课3日前给到，以便我们再次确认和印刷。 2.本次课程需要提供学员版PPT课件及确定的测试题要求，请您提前准备好。

　　　　　　　　　　　　　　　　　　　××公司（盖章）

联系人：　　　　　　联系电话：

　　　　　　　　　　　　　　　　　　　××年××月××日

（五）关于项目评价表。培训项目结束后，培训师还需要与培训机构或客户方在项目效果评价上进行对接。项目效果评价表对于多方都有重要价值：

1.检验培训工作好与坏的重要手段；

2.渠道与客户方合作的课酬保障之一；

3.培训效果评价与培训机构支付课酬的依据；

4.未来培训机构与其他客户方合作时做背书；

5.培训师对自己课程不断改进的参考。

项目效果评价表的参考示例，如表3-3所示。

表 3-3　培训项目评价表

项目名称		项目委托方		
项目承接方		项目执行时间		
导师成员				
项目内容				
评价项目	评价选项			
总体满意概况	□非常满意	□满意	□较满意	□一般　□不满意
讲师工作态度	□非常满意	□满意	□较满意	□一般　□不满意
理论底蕴与思考	□非常满意	□满意	□较满意	□一般　□不满意
讲师专业深度	□非常满意	□满意	□较满意	□一般　□不满意
内容与主题切合	□非常满意	□满意	□较满意	□一般　□不满意
授课技巧与表达	□非常满意	□满意	□较满意	□一般　□不满意
培训内容实用性	□非常满意	□满意	□较满意	□一般　□不满意
培训执行的效果	□非常满意	□满意	□较满意	□一般　□不满意

您好！
　　培训工作已经结束，感谢您在此阶段中给予我们的大力支持！为了解项目执行的效果，烦请您给予客观、中肯的评价，以便更好地改进我们的工作。谢谢您的配合！

培训项目组

收获与评价：

项目评价人：
时间：　年　月　日

设计评价表时，要设法使同样的满意度通过设计形式能够获得相对更高的评价：综合满意度式的评分比10分制的评分有优势，更比5分制的评分有优势。

第六节　培训师的简历与课程推广

对于培训师的简历是面向机构还是面向客户这个问题，可能很多培训师有疑问，也可能有的培训师没有想过这个问题。面向机构还是面向终端客户？简历就是简历，怎么还这么复杂？很多职业培训师的简历样式都是给培训机构看的，这也就造成一些培训师有了这样的困惑：为什么从我的简历来看，不次于别的培训师，而终端客户最终选择了别的培训师合作？甚至有的培训师怀疑机构可能都没有把自己介绍给终端客户。从我做过培训机构运营，目前又做师资经纪，与众多机构打交道的经验来看，是有这种可能性。培训师要明确，简历是给机构看，还是通过机构给客户方看。

第一，简历的文件格式不同。最直接的表现就是，针对初次接触的机构，培训师发送的课程包，包括简历和大纲都是PDF格式，这其实就是典型的给培训机构看的。培训机构整合的方案包含培训师简历、课程方案、公司信息、报价等，培训师给培训机构的PDF文件带有照片等内容，文件转化比较麻烦，有些培训机构也就不想转化，造成简历没有传达到客户方的情况。可能培训师觉得，机构可以跟他说明需要什么格式的文件，而且他这种保存方式是因为经常讲课，有时候不在电脑旁边，手机保存PDF格式便于发送。但是，培训机构接触过很多培训师，如果遇到此类情况，培训机构会认为培训师不懂行业规则，过于看重对自己相关课程资料的保护，未来合作起来也不会太顺畅。培训师可以存PDF格式，并且可以跟培训机构说明，会再发送一份便于转化格式的资料，这样反而会增加机构的好感。

第二，简历中非主题课题和领域的多余内容要删除。有些培训师为了证明自己，把职业经历、背景、讲授课题、服务客户等写得很全面，不管应对什么行业和课题，简历样式都一样。但是最终培训机构和终端客户想选择的，一定是体现出擅长和专注于某领域的培训师。有些培训师能讲某个领域的课程，但是所讲的内容和素材不够多，或者各类素材都有，反而重点凸显不出来，效果适得其反。因此培训师的简历最好有多个行业和课题的版本，每个版本都要舍得删除，要重点突出一些内容，这样的简历相对更受欢迎，谈合作时更有优势。

下面是对培训师简历的一些具体建议：

1.大课与现场咨询辅导类项目的课题介绍最好分开；

2.能够多领域授课的培训师的简历最好分行业，建立不同行业标签；

3.企业内训师刚转型时可尝试长期指导顾问类项目；

4.描述每年课量及某个课程复购情况时，可采用"具体天数＋复购率"的形式呈现；

5.展示资质证书、所获荣誉称号等，以突出所在行业内自身的优秀为主；

6.展示擅长的课程和项目时，加上"独特"和"行业最早"标签；

7.突出原创版权课程、精品课程和亮点项目，弱化普通课题；

8.某一课题讲授较多的培训师可选择重点突出轮训典型课程的案例；

9.展示服务的客户时名称要全,服务的客户分地区、分行业列出来;

10.培训项目或授课现场的照片,需要归类并简单描述;

11.培训结束后客户的真实反馈、学员评分和感谢语等文字内容是最好的效果证明;

12.经常讲授的课程一定多角度留存现场授课视频,呈现出好的授课效果。

职业培训师对自己的课程进行推广时,要像经营公司一样,存在多种途径和呈现方式,如图3-6所示。

图 3-6 培训师典型的推广方式

一是亲自推广:有些培训师相对有时间、有精力去开拓机构渠道,不担心某个阶段课量少,也不担心对接过程中的各项烦琐的事务性工作,愿意与机构打交道,就可以亲自去做课程推广。

二是专属助理推广:有些培训师有一定知名度,有一定的课量,愿意支付费用聘请专职助理来推广课程,并管理自己的日常工作。

三是会员形式的互相推荐：对于一些师资培训班、培训师联盟、培联、区域协会等，培训师通过缴费成为会员的形式聚集在一起，关系也会相对比较紧密，互相交流熟悉后，志同道合的培训师之间互相帮忙引荐，甚至组织者也会帮忙做好背书。当然这种类型的组织并不是专业推广。

四是导师发起的工作室推广：以某位有影响力的导师作为核心，聚集和吸纳甚至培养更多的培训师，成立工作室，或者随着规模扩大，有机会成为合伙人性质的工作室，抱团发展，或者各自发挥优势，建立营销、研发等团队成为培训公司，又或者建立具有师资经纪模式的公司。

五是借助师资经纪平台推广：师资经纪平台通常已经拥有大量的培训机构渠道和良好的背书效果，可以很好地帮培训师推广课程。

六是面向终端客户推广：这类培训师不多，通常是有一定终端客户基础的培训师，他们直接跟终端客户合作，自己或者团队直接对接整个培训流程并完成交付。如果终端客户量少，培训师又需要花大量时间推广和管理培训交付过程，这会导致某个阶段新增客户跟不上、课程量迅速减少的情况出现。

一般培训师主要以上面六种方式进行课程推广，推广所用的课程包的细节会在后续分享。其中第四种方式相当于培训机构的模式，师资经纪平台和培训机构很少会聘请自己就有培训机构的培训师，特别是明显有直接竞争关系的培训师。

第七节　课程包的主动优势呈现

培训师提供的课程包资料一定要能修改，并且排版格式要便于修改，否则机构认为在制作整体方案的过程中，对培训师的介绍和课程包资料进行修改要花很多时间，使用课程包资料的意愿就会大大降低。这样当机构有匹配需求并推荐培训师时，就不会优先推荐，培训师也就逐步失去了合作竞争力。

不管通过机构还是其他渠道推广与宣传，培训师首先要体现的就是个人背景、课程内容、课程卖点、讲课风格等与其他培训师有哪些不同，要考虑自己的课程如何呈现才能让各类渠道印象深刻，具备吸引力，从而让客户有意愿、有信心达成合作。这样渠道和机构推广培训师的课程也会事半功倍！

课程包相关内容的优势呈现主要包含11个方面：

一、简历用 PPT 或 WORD 格式呈现

职业培训师为了更好地与培训机构和客户方对接，一般都会准备PPT和WORD两种格式的简历。为了更加主动地配合培训机构撰写方案时的设计形式要求，培训师可以做两种简历准备，而且两种简历格式互相配合，也能更全面地突出培训师的优势和特色，其中PPT更容易展示图文，WORD更聚焦文字。

二、简历配合培训机构 + 专题定制

培训师可以站在机构的角度更进一步主动呈现。很多大型的培训机构，或者专业流程很细致的培训机构，往往会有自己的培训师推荐模板，培训师可以主动配合满足这种类型的培训机构的格式要求，并且对于紧密合作的培训机构也可以在部分项目上协助定制。当然培训师没有

必要面对每家合作机构都这么做，这样工作量很大，一般来说这种配合机构定制简历的每年在10家左右就可以。

三、不同领域客户版本＋课题分类

有的职业培训师讲授的课程涉猎多个行业，有的则主要讲授某一两个行业，客户方在采购时往往看重培训师在本领域的客户服务情况。对于自己能够讲授的课程，培训师可以按照行业类型制作不同版本的简历，让客户方更加清晰地感觉到，培训师是擅长这个领域的专家。培训师把自己塑造成这个领域的权威，竞争本次项目时就要比其他培训师更具优势。

很多培训师能讲授很多专题课程，也能讲授多个岗位类别的课程，把能讲授的课程按照营销、管理等专题划分，或者按照中层、基层等岗位划分，便于培训机构更加清晰地推广培训师。一般培训机构会根据客户对某个岗位的课程的需求去推荐培训师，或者根据专题推荐培训师，这样培训师就给自己的专题课程增加了明显的标签。

四、授课现场图文＋视频片段

简历中授课场景的照片需要增加备注，渠道看到这种照片时能更直观地感受课程现场的情况，这样渠道就会强化培训师服务客户的真实性及与相似客户类型的合作意愿。有的培训师还会把简历中的照片单独放置在一个文件夹里，把照片分类并做好备注，便于与培训机构等渠道对接时在不同的场景中使用。

视频展示也很重要，培训师可以把几个不同的授课场景剪辑一起，视频总时长在10分钟左右为宜，视频一定要清晰，并且便于微信发送。展示视频要多展示培训师授课内容，展现学员积极响应、课程氛围良好的场景，少一些学员自行讨论、体现不出培训师授课水准的场景。切记，如果提供的视频里都是学员在讨论、看手机、走神的片段，而培训师讲得不多，就会影响培训师真实实力的展现。视频每年可以更新一次，这样便于初次合作的培训机构对培训师有更多的了解，也便于培训机构向客户推荐时，客户方能充分感受到培训师的授课风格和专业程度。

有些受欢迎的培训师非常细致，自己一些主要讲授的课程都会单独剪辑片段，目的就是在客户方想通过渠道采购自己的某个课程时，能感受自己的授课风格和专业度，合作的概率就会大一些。如今某些项目的内卷也很严重，培训师每次不仅在一家培训机构与多位培训师竞争，更是与其他众多渠道向客户推荐的培训师竞争。对于录制的课程视频、分享的专业知识，培训师可以结合自己的实际情况、侧重的内容和特点、准用户的类型，勇于进行创新性思考，比如可以选择放在抖音、视频号、网易云课堂等适合自己的平台展示，并且定期更新，这样也会增加培训师的曝光度，引流潜在的合作渠道和客户。

五、标准课程大纲＋定制化方案

课程包里关于大纲的内容可以分两部分，如图3-7所示。

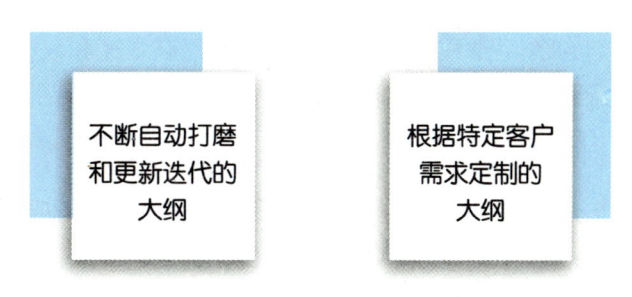

图 3-7　课程包里关于大纲的两个部分

一部分是培训过程中不断自动打磨和更新迭代的大纲，这类完整的课程大纲一般需要包含：课程背景、课程收益、培训时长、时间分配、对应岗位、要解决的问题、培训形式、课题分类、多级提纲、课程评价、成果见证、成果输出、优势说明等。培训师想更详细地呈现标准的课程大纲，还可以增加与这个课题相关的一些现场照片花絮和客户方、学员的评价。

另一部分是培训师根据特定客户需求定制的大纲，这种一般是在一定背景下为满足某个客户的需求专门定制或者执行过的。这样的大纲可以让培训机构感受到培训师定制化解决问题的优势在哪里，协助设计方案的配合度如何，并且这类大纲中再增加一些执行过的案例成果或者相关客户方的评价，会使得课程具有更大优势。

对于课程大纲，培训师要结合自己的优势来精心设计，避免盲目跟风地把所有内容课程包含在内。设计出的课程大纲要有针对性地呈现内容模块，更清晰地突出培训师的水平和特点，以及创新的亮点和价值点，体现出与其他同类课程的培训师的差异性，让客户感到聘请这位培训师会带来更大的培训收益和成果产出。

六、课程特点说明＋授课风格

简历中详细介绍课程之前，可以说明课程满意度和复购率概况，同时，培训师可以介绍自己的授课特点和风格、开发课程的过程、教学方式等，培训师可以根据自己课程的优势做重点归纳，总结几条亮点说明。这样在渠道首次向客户推荐一位培训师时，能站在培训师的角度说明一些课程特色。比如，讲授、案例研讨、训练通关的占比大概是多少？授课风格是演讲型、专家型、实战型、生动型、案例型，还是其他类型？授课特点和授课风格与同类课程的培训师有什么不同？是否有培训后的增值服务，是免费还是收费，具体有什么不一样？课程适合一年中的哪个客户多的时间周期，或者市场采购集中期（常见的采购集中期有企培行业典型的新员工培训，春节前后金融领域的旺季营销业绩提升项目，每年"3·15"服务投诉、消费者权益保护类课程等）？

在介绍和大纲中要有清晰特征的呈现和对比，让渠道和客户方对于培训师授课风格有更好的感知，以此判断是否是客户方比较喜欢的培训师类型。培训师说明自己的特点和风格时，可以配合相关的不同课程的授课视频，进行更好的说明。有的培训师准备的课程特点和授课风格的描述，不仅是面对客户方的，还会单独制作一份针对渠道方的如何向客户方更好地推荐自己的特点和风格的说明。

七、典型培训案例＋项目成果

针对一些有代表性的、核心的课程、项目方案或案例，培训师需要建立相关项目的一些成果案例库，比如连续合作达到多少天的，客户方培训目标达成情况怎么样的，团队实质性能力得到多少提升的，客户方高度评价的项目有哪些的，在某课程被客户高度评价的评语是什么的，学员对于课程的整体评分接近100%有哪些的。成果案例库中也可以包括一些营销类的课程和项目为客户带来业绩增长的数据情况的说明，帮助培训效果做背书，增加说服力。这样可以让培训机构等渠道和客户方在没有合作这类项目之前，就能感受到未来执行此类项目会给他们带来什么样的成果，从而让客户愿意花更多的培训费来购买课程。

八、课程准备清单＋对接说明

课程准备清单可以加入课程包一并发送。每位培训师授课都需要一些配合课程讲授的辅助物料，培训师做一个标准清单，这样就不需要每次课程单独花时间说明一次，可以减少重复工作量。

九、全面资质证书+获得奖项

课程相关领域的资质证书不仅体现能培训师的专业水平，也是培训机构投标时必须具备的。获得的奖项也能全面展示培训师的荣誉和行业地位。培训师可以重点收集资质证书，并分类存档，便于培训机构选取。

十、培训师宣传海报+产品海报

为了助力机构对于自身的宣传，培训师可以设计一些便于机构推广的通用宣传图，减少机构的工作量，甚至对于深度合作的机构，培训师可以协助加上机构或渠道的LOGO和联系方式，方便他们宣传时直接转发。培训师一次性的工作付出，就能通过机构让更多的终端客户知道自己。而且如果培训师自己设计海报，那么简历亮点、培训产品亮点更容易提炼和突出出来。

十一、课程推荐视频+课程清单

有的培训师为了使得培训机构等渠道及终端客户在最短的时间内对自己的课程有更清晰的了解，或者减少重复介绍自己基础背景信息的时间，往往会在提供以上详细的通用课程包的基础资料之外，再增加一份全面展现自己课程概况的推荐视频和一份多维度感受培训师的说明，或者用一张图表对自己的授课方式和主要课题进行说明，或者用EXCEL形式展开进一步的清单说明。这几种综合性的课程清单说明，都是培训师站在渠道、机构和客户采购的角度，用于不同的推荐场景下增加合作成功率的方法。

课程推荐视频建议时长3~5分钟，推荐内容包含介绍自己课程的背景、典型服务课程、擅长的课程、合作方式等。推荐的视频中如果有渠道的推荐语和文字形式的背书会更加令人信服！

培训师课题推荐介绍主要有EXCEL清单说明和PPT宣讲两种形式。

（一）EXCEL清单说明形式。从客户方关注的角度，总体摘要用于描述培训师每门课程的特点，一般摘要的说明框架包含：课程名称、课程收益、课程形式、培训对象、课程模块、课程风格、课程报价、课程增值服务、服务的典型客户等。还有些培训师会对自己的课程内容如何根据客户需求进行模块组合进行说明，提升渠道和机构进行方案制作的效率，也可以减少培训师定制课程的工作量。

（二）PPT宣讲形式。便于与有合作潜力的机构在现场和线上分享自己的课题，提前做好准备，就可以根据自己的优势展示课题情况。总体宣讲内容可以参考以下这些：自己的职业背景，主要服务的客户类型，典型的培训案例，自己的课题满足了哪些客户的需求，目前这些客户的行业现状，自己能讲哪些课题，能为客户方解决哪些痛点或提升哪些能力，自己每类课题的优势，与其他同类课题的差异性，主推课程的优势及特点，课程讲授安排中的温馨提示，课程讲授风格和执行特色，如何推广自己的课程，推广过程中培训师会帮助做哪些工作，目前都有哪些长期紧密合作的渠道（视情况需要，对于合作渠道需要保密的，可以不主动分享）等。注意：培训师最好每年更新自己的简历和课程包，在升级课程包的同时，避免新的课程包中还有标注时间为上一年度的课程大纲，尤其是避免有些大纲中涉及分析行业特点的内容还是根据上一年度的行业观点和趋势来分析的。不注意这一点细节，会让渠道、机构和客户感觉培训师的内容没有完全及时更新，内容过于陈旧。

第八节 专业能力指导与课程分享

培训机构特别希望培训师可以帮助机构团队提升专业能力。培训师可以根据自身资源情况，在负责区域内进行集中线下分享或统一线上分享，也可以针对一些重要的合作机构一对一地进行一些指导和培训。培训师主要有以下几类指导和分享方式，如图3-8所示。

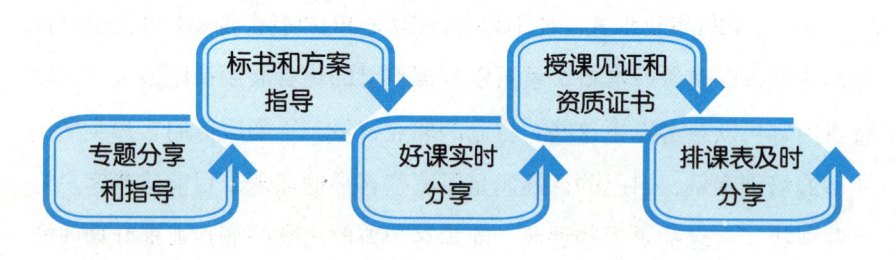

图 3-8 培训师的五类指导和分享方式

一、专题分享和指导

培训师能够讲授的系列专题，培训机构人员往往不清楚如何推广，虽然大纲中有说明课程要达到的目标，但是有些细节需要培训师做进一步指导。培训师可以指出自己讲授的课程与其他培训师课程的不同之处，比如明显的课程优势是哪些？课程推荐时能明显展现亮点的关键标签是什么？培训师还可以把课程中的目标和阶段步骤等内容转化成向客户推荐的语言，这样便于培训机构人员更加熟练地掌握一些向客户方推荐重点课程的策略。

二、标书和方案指导

培训机构在做一些技术性方案时，往往因为撰写文案的人员不具备关键点开发能力，需要培训师对方案中的内容进行指导。培训师不需要每次都协助，通过对前期项目需求和培训机构与客户方关系情况的了解，培训师可以针对成功率高的项目进行深度协助。哪怕最终没有成功，培训师也是与培训机构一起开发了一个新的培训项目，以后也可以共享这个方案，在与其他培训机构进行深度合作时尝试运用。

三、好课实时分享

培训师的好课分两种，一种是近期讲授的课程或项目效果非常好，并且这类项目的周期较长或培训费规划较大，培训师可以选择其中特别有代表性的项目主动全面地向机构推荐。另一种是培训师根据行业需求特别大的方面开发出的针对性课程，可能是行业内还没有太多培训师涉及的课题。这两类好课，培训师如果有，就可以主动分享给优质的合作机构，让其进行优先推广，获得最佳的市场收益。

四、授课见证和资质证书

不管是培训还是项目，培训师一定要留存相关资料，证明自己讲过某门课程，或者留存能说明课程或项目效果很好的证明材料。随着培训行业采购流程越来越规范，培训机构投标时技术部分中培训师需要提供的资料越来越全，所以每次课程培训师不仅要留下学员反馈表、现场照片、授课记录等素材，满足自己推广课程的需要，还要留下协助培训机构投标积累的资料。培训师也可以跟培训机构多互动，了解他们投标时经常需要培训师提供哪些类型的素材，提前做好资料准备。

另外，很多机构经常向培训师要资质证书、学历证书、获奖证书等，有些培训师觉得培训机构是在不断"折腾"，其实看一些现在客户方发的招标文件就会明白，很多商务部分评分需要的不仅仅是培训师简历，更需要培训师的资质证书和服务过客户的证明，如表3-4、表3-5、表3-6、表3-7所示。

表 3-4 招标中关于培训师授课见证的评分(示例 1)

评分项	分值	评分说明
培训师配置	20 分	对投标人拟投入本项目的培训师配置进行评分: 1.培训师授课满意度:所有拟配备的培训师授课满意度在"良好"及以上,提供 10 份相关证明材料,满足要求得 10 分,不满足或资料不明确的每发现一项扣 1 分,扣完为止。 2.培训师同类项目参与度:评估拟配备的培训师在同类项目中的参与度,提供培训场次、覆盖网点数、参训人次、培训照片等相关材料,根据提供的相关资料分档得分,综合评价优得 7.1 ~ 10 分,良得 4.1 ~ 7 分,一般得 1.1 ~ 4,差得 0.1 ~ 1 分,未提供不得分。

表 3-5 招标中关于培训师授课见证的评分(示例 2)

序号	项目	分值	评分标准
11	讲师资质	10 分	投标人根据采购需求提供授课讲师的聘任书或工作证明、人员简历、学历背景、专业背景、擅长培训方向、授课经历及培训客户资料。 授课要求:推荐讲师应至少有 5 年以上行业培训经验,具有良好的课程研发能力和与 ×× 系统的机构有过合作的优先考虑,具有 3 年以上营销活动组织工作经验的优先考虑。 由评审专家根据投标人提供的信息及证明材料进行横向对比、评分,对讲师专业背景、项目经验、从业经历、获得证书、授课或辅导情况等综合进行分档打分,第一档得 6 ~ 10 分,第二档得 3 ~ 6 分,第三档得 0 ~ 3 分,不同投标人可被分为同一档。

表 3-6　招标中关于培训师授课见证的评分（示例 3）

服务团队配置	授课讲师	9 分	授课讲师同时满足以下任意 3 条资质，每一位得 3 分，满分 9 分：硕士及以上学历，国内知名企业顾问，持有注册会计师、AFP、CFP、CFA 等金融职业资格，法律职业资格，银行一级分行中层管理人员或同等职务从业经历。

表 3-7　招标中关于培训师授课见证的评分（示例 4）

评分项	分值	评分说明
师资力量	10 分	1. 自有师资（5 分）。提供真实有效的自有师资证明材料，并提供该师资在本机构 1 年（含）以上社保缴费资料。每位自有师资得 0.5 分，本项最多得 5 分。 2. 签约师资（5 分）。所有师资中持有 AACTP 培训师系列证书、GPST-TT 国际培训师证书、企业培训师证书、行业评选的培训师荣誉证书等。每提供一份相关证明材料得 0.2 分，本项最多得 5 分。

培训行业部分国际资格认证包括：美国 AACTP 国际注册培训师、国际注册培训管理师、国际认证行动学习促动师；CIPTT 国际注册职业培训师；美国 ICQAC 认证国际职业培训师；美国 AITA 认证国际职业培训师；ICF 认证培训师；美国 GEC 认证讲师；IAF 认证专业引导师；WFA 培训促动师认证讲师；CALF 认证催化师。

需要注意的是，获得的证书多不一定课量就多。对于证书的认证学习，需秉承着要精不要多的理念，要以与讲授专题和擅长领域相关、所学证书类型统一、未来有足够课量基础保障、能够被客户方认可为学习前提。

五、排课表及时分享

有些培训师课量排得满，有很大一部分原因是主动与培训机构联系、互动，比如培训师把课程安排表主动共享给了培训机构，或者每周定期主动发给机构。这样做最明显的好处是，从排课表中让培训机构了解近期曾给哪些类型的客户授课，曾在哪些城市讲课，对于没有见过面的培训师是否可以线下见面交流等。看排课表中培训师每个月排课是否较满，是否有轮训的客户，这是判断培训师授课效果好坏的因素之一。另外，排课表中会看到培训师主要讲授哪些课程，培训机构可以据此判断是否需要针对自己所属客户主动推荐下。常出现的情况是，当培训机构不知道某个课程哪位培训师能讲时，正好某位培训师的排课表中有体现，机构就会想到跟这位培训师进一步交流，进而产生合作的机会。因此，培训师排课多的时候可以进行归类总结和排课情况描述，并把自己的排课表主动分享给机构，对于自身排课是有很大帮助的。注意，排课表中对于渠道、机构及客户方的敏感信息在未合作之前特别要保密。

根据我多年与众多培训机构的沟通了解，其实培训机构是非常喜欢培训师主动发送排课表的，这相当于主动给他们提供了行业最新动态，并便于自己排课。

第九节　与区域培训机构深度合作

培训行业内再好的培训产品如果没有渠道推广也不行；培训机构等渠道市场覆盖很广，客户渗透率很高，但没有好的培训产品同样也不行；培训机构的营销工作量占比很高，但往往缺少基于客户方实际问题的有针对性和时效性的培训项目。因此，培训师可以与一些区域培训机构，或者专注于某领域某类型客户的培训机构构建独家合作模式，或者针对某个培训项目在相关区域授予某个机构独家合作权。具体来说，培训师可以与区域培训机构进行以下几种形式的深度合作，如图3-9所示。

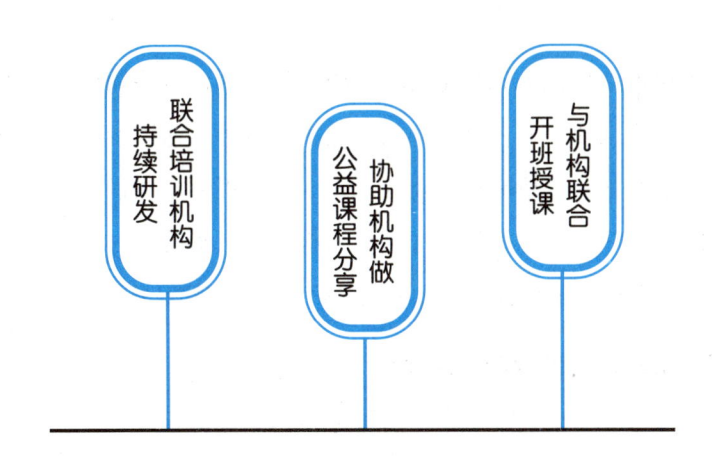

图 3-9　与区域机构的三种深度合作形式

一、联合培训机构持续研发

培训师可以借助机构优势持续被采购课程，并且因为有足够的课量基础，培训师能够更有机会去迭代和联合研发新的课程。

联合研发和课程迭代一般在两种路径下成功机会会比较大。

第一种路径是培训师代表培训机构给某个客户讲课后反馈效果好，客户方想再聘请培训师深度解决某些问题，培训师就可以为这个客户进行一些复杂项目的研发。但是这样的研发往往需要投入很长时间，即使这个客户能暂时满足授课量，培训师也要担心这个产品是否能用于这个培训机构的其他客户方，产生持续多次的收益。

第二种路径就是机构获得一些客户在某些课题上的需求，但是目前没有培训师开发过，培训机构研发产品时就需要与一位主导培训师合作研发，因为好的培训项目需要好的培训师最终完成交付。研发是需要培训师和培训机构都大量投入时间和精力，以及投入一定的预算的，如果没有互相绑定的开发和推广，再好的培训项目也不会达成期待的好收益。

不管哪种路径，培训师都可以积极参与，哪怕有些项目不是由自己做研发主导培训师，但在有时间的情况下，也可以通过参与研发来获得一些培训新课题的讲授授权，让自己多一门课程，多认识一些行业内志同道合的培训师朋友。另外，通过与机构的联合研发，培训不仅能获得新课程，更能多方面展示自己，为未来多方面合作打好基础。

二、协助机构做公益课程分享

培训师在有时间的情况下，一定要为稳固课量做客户基数的准备。协助培训机构做公益分享，就是很好的储备未来合作机会的方法。一些在某个区域和行业深耕的培训机构，往往有非常紧密的合作伙伴，也需要定期向客户方展示推荐课程。如果机构跟客户方说是课程推广，客户方参与的积极性就不会高；如果说是给予合作伙伴一些免费的课程名额，作为培训机构的增值服务，一些客户可能就会愿意参加。作为培训师我们可以通过培训机构借此机会展示自己的课程，一般线上公益分享每次1～2小时，线下半天就可以。公益分享不需要投入太多时间，只需要为经常合作的培训机构或者有潜力的培训机构每年做3～5次分享，总分享时间在5天左右就可以。

三、与机构联合开班授课

上文提到了通过公益性分享助力培训机构的方法，那么我们更可以尝试一次与熟悉靠谱、有资源的培训机构针对客户方和学员的课程需求联合开班变现，按分成方式共享收益的活动。

联合开班可以分为线上和线下两种方式。线下我们通常定义为公开课，线上就是利用第三方学习平台开班，甚至利用微信群也可以。线上设计的项目可以伴随学员周期进行，比如1个月或2个月线上打卡学习班，既能主动分享给学员专业知识，还能与学员互动，探讨工作中遇到的难点。线上阶段项目的设计也是如此，培训师可以借此积累课程素材，与时俱进，说不定能做出一个长期产生收益的线上课程社群。

说到联合开班，就要提到培训师的收益问题。过去的形式往往是培训机构招生，按天支付固定课酬给培训师，培训师不用承担招生不足的风险，不用担心收不到课酬，当然招生规模大了，培训师也享受不到超出固定课酬的收益。培训机构其实非常想让培训师更多地参与进来，不是想让培训师承担招生不足的风险，而是想充分发挥培训师拥有的大量潜在学员资源。因为每次培训过程中很多学员都会加培训师微信，而且加培训师微信的学员往往学习欲望很高。另外，机构更看重培训师以往合作过的客户，与培训师直接对接的客户往往都是具备采购权的。

培训机构开班的生源，除了一些特定的合作客户的团购之外，就是培训机构做培训时经常会建立的学员微信群，联合开班可以针对这部分学员进行招生，引导学员个人支付学习费用来产生二次收益。

不管报名的是单个学员还是客户方集中采购后派遣的学员，不管在线上还是线下开展，这种联合培训班的单价一定不要过高，做这些前期微利的培训项目，主要以提升培训机构和培训师品牌为目的，以便未来获得更多客户方采购定制化培训项目的机会。

第四章

协助机构与客户方达成合作

第一节 全面了解培训需求

成功率高的培训方案，都具有与培训对象贴合度高的特征。培训师需要全面了解通过培训机构转述的客户方的培训需求，而不是预先猜测。收集到的客户方需求信息越多，对客户方的培训目标了解越充分，培训师才越能客观地提供有针对性的大课内容和培训方案。

培训师通过机构了解的需求越全面，说明客户方与机构方的合作意向越高。因为客户方与很多培训机构都会有联系，客户方不想合作的培训机构是掌握不到全面的培训需求信息的。

培训师从培训机构了解的客户方信息越多，培训真实性越高，合作成功概率也越高。对于某些课题，培训师需要考虑是否花时间协助培训机构定制方案，而且培训前掌握的信息越多，之后的培训效果也会越好。

培训师可以从五个方面进行培训需求的探寻，如图4-1所示。

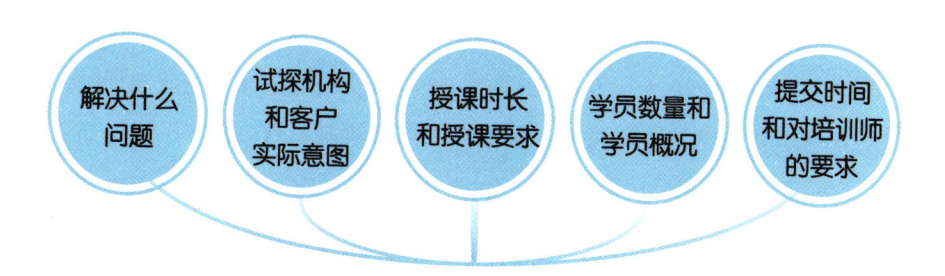

图4-1 探寻培训需求的五个方面

一、解决什么问题

机构向培训师预约一个课程，一般会问培训师是否讲过某个课题，或者能否提供一个培训大纲，此时培训师要趁机向机构了解本次课程的客户方的经营特点，还可以具体询问客户方想解决什么问题，想提升学员哪些能力，想达成什么预期目标，想获得什么培训成果，根据这些信息判断目前培训师的课程包中哪个课程与客户期望是比较接近的。

二、试探机构和客户实际意图

如果培训机构表明客户暂时没确定，也不太愿意说清客户的名称和地点，可能说明培训机构对这位培训师还不完全信任，也可能是培训机构获得的需求信息不是客户方急需的或者不是常规计划中的需求。客户方的培训计划常常是上一年度的年底和新一年的年初就基本规划好的，每个时间段提升哪些岗位能力，都会有大概的时间参照。还有可能是客户方不想真正让这家培训机构参与进来，只是被问到培训需求后不得已说一下，顺便了解下培训方案而已。培训师如果了解到了这个信息，就提供原先的课程包即可，对于定制化需求可以不花精力去响应。甚至可能是，培训机构只是想让这位培训师做定制化方案，等课程或者项目确定合作后，安排其他培训师去讲授。

三、授课时长和授课要求

授课时长关乎于培训师的针对性大纲和方案设计中需要设计多少课程模块和具体的讲授内容。培训师针对每个专题讲授的时间要提前规划好，如果模块安排得过多，未来合作时就相当于培训师给自己设了个坑，面临讲不完的困境；如果安排得太少，对比其他培训师的方案又会显得内容不丰富。因此培训师要确定好时长并跟客户明确表示每天可以讲多少内容，让客户知道自己是专业的。当然，培训师针对某些课题可以设计不同时长的课程大纲，也便于培训机构向客户方推荐时有更多选择。

在一些培训课程的授课要求中往往会提到项目前期培训调研，项目前期线上专业知识导入，项目氛围导入，课程中需要演练通关，培训结束需要测验，培训后期需要线上固化等内容，客户有类似要求的，培训师需要在设计的培训方案中体现出来。

四、学员数量和学员概况

培训师在设计大纲和方案时，会基于学员人数的不同，把案例讨论、分组竞赛等方面的建议提前写进方案中，让方案看起来更细致。当然，了解学员人数也便于培训师在学员较多的情况下，保证培训效果，或者引导客户方新增班级。有些培训师的课酬会因为人数增加而增加，这些都是培训师与培训机构合作时提前做好约定的，了解学员人数也便于培训机构核算课酬并做好客户方报价。

学员概况主要指学员具体岗位、岗位职责、岗位年限、学员背景、学员学历、学员年龄、男女比例、在岗时间、以往培训频率、学员对于此类课程评价等。培训师要按照以往的培训经验来初步判断学员在目前岗位的任职能力，同时也要基本掌握学员期待学习的重点方面，以便培训师根据掌握的学员概况更精准地设计大纲。

五、提交时间和对培训师的要求

培训师经常遇到培训机构和客户方表明越快给方案越好，但是大家对于"尽快给出方案"理解不一样，有的第二天提交是快，有的一周后提交也是快。培训师往往白天在讲课，晚上才有时间撰写方案和大纲，要预留出足够的时间，就要明确客户方或者培训机构给到的时间是否足够，同时，要提交有针对性的、能获得很大合作机会的方案。在时间不够的情况下，很多培训师都会婉言谢绝，当然谢绝时会向培训机构和客户说明定制方案时间来不及，只有以往的标准成熟方案可以作为参照，也感谢信任，期待下次合作机会。这样可以避免匆忙做出的大纲或者方案不理想，给培训机构和客户方造成不好的印象，之后再想建立好口碑就难了。

培训师也可以向机构了解一下，客户方对于合作培训师的要求，比如行业背景、授课经历、授课风格、工作经验的要求等，了解这些是看一下自身是否符合客户方的期望，避免培训师前期花很多精力在这个项目上，却没有获得相应的收入回报。

其实不仅仅局限以上几个方面的问题，还有很多需求信息可以尝试向机构和客户方进行了解，比如，以往双方是否有过合作？对接的是否是决策人？本次培训总预算是多少？费用成本包含哪些？哪些公司参与本次项目的竞争？方案最晚提交时间是哪天？竞争方式是投标还是比选？

多问一句需求概要就能推测出更多隐藏情况。如果客户方愿意告知培训机构深层次需求的话，便是衡量培训机构与客户方客情关系的重要参照。同样，如果培训机构愿意告知培训师更全面的培训相关信息，则是培训机构与培训师的合作信任度和意愿高的参照。那么在本次项目中，培训师与培训机构合作的概率才会更大。

第二节 协助机构定制方案的考量

有的培训师可能存有疑问，根据机构的需求定制课程大纲，只要时间允许，能给自己带来课量，还需要考量什么因素来决定是否协助呢？仁者见仁，智者见智，接下来我们具体分析两个代表性情景：

代表性场景一：不提供定制的课程大纲。这类培训师觉得，向机构提供了通用大纲，机构可以在此基础上去修改，而且修改培训师的大纲应该是机构具备的基本技能。

代表性情景二：提供定制课程大纲。有些机构既然让培训师来定制大纲，代表与培训师合作的机会大，因此有些培训师愿意配合定制方案，以此带来潜在客户的高效转化。

以上两种想法在特定背景下都是对的，但是在课量多的情况下，特别是课程都在白天，晚上有时候还需要备课和赶路，培训师往往无法针对所有的课程进行定制，因此要有取舍。对于一些考量因素多了解一些，能更好地做出取舍，也就能获得更高的课程合作率。培训师可以参考以下几个考量因素，如图4-2所示。

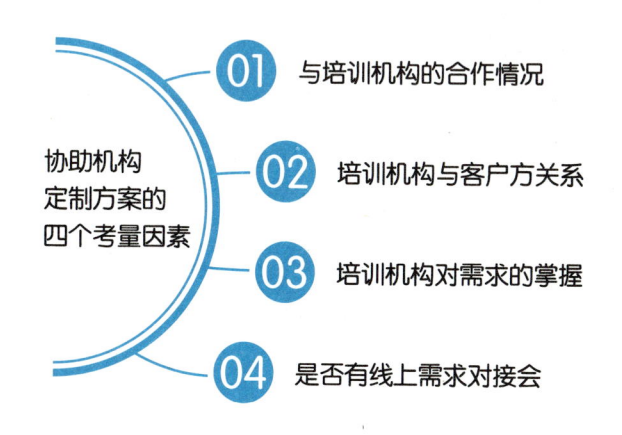

图 4-2 协助机构定制方案的四个考量因素

（一）与培训机构的合作情况。看看培训师与机构每年合作课量大概多少，达到10天以上的，培训师可以考虑。对于需要定制的需求，看看以往培训师与渠道合作时，这个培训项目是否有相关的成功案例。也可以查看以往协助培训机构定制课程方案的成功率如何，如果成功率有50%以上，属于比较高的，培训师就可以针对部分擅长的培训项目方案进行协助。有些信誉不太好的渠道，可能就是纯粹套培训师方案的，要多注意识别。

（二）培训机构与客户方关系。渠道方与客户方关系有多好，也能决定每次项目的成功率。培训师可以侧面了解渠道与客户方的关系，比如渠道以往是否与这个客户合作过？合作的频次怎样？大概合作过哪些项目？大概的合作金额是多少？这次的课程需求是需求部发出，还是采购部分发出？是否是关系好的决策人发给机构的？这次客户方对机构和培训师的选择有没有具体倾向性？与机构关系好的人员是否是决策人？如果渠道跟客户关系一般，即使渠道再积极，培训方案对标其他渠道有优势，也不一定能拿下培训项目。培训师付出了时间，就要去做成功率相对更高的方案，相应的得到的回报也高。

（三）培训机构对需求的掌握。培训师可以向机构了解客户的具体需求，比如客户方目前的经营现状，想要解决什么问题，想要达成哪些具体目标，计划在什么时间开展，学员是哪个层面的，有多少学员参加培训，对培训师的资历有什么要求，需要设计几天的课程等基础信息，还可以看机构对于需求了解是否透彻，是否清楚客户方深层次的诉求等。知道机构都获得了客户方的哪些信息，培训师才能根据全面的培训需求定制出有效的培训方案。一般来说，培训机构获得的信息越多，越能说明客户方对机构足够信任，相应的成功率越高。

（四）是否有线上需求对接会。在客户方已经获得课程大纲的基础上，看机构是否邀请客户与培训师组织三方线上需求对接，如果客户方很愿意以这种方式与机构和培训师沟通，说明客户方对这个机构的信任度很高，也就有耐心与机构和培训师探讨需求。这样也能期待客户方提供更精准的需求，以便培训师能根据需求针对性地完善课程大纲。出现了这个对接动作，培训师可以初步判断这次的合作机会又大了一些。培训师对于这种沟通会也要提前做好充分的准备。首先，培训师可以向客户分享以往培训中的典型案例，具体可以分享以往都服务过哪些相似的重要客户，此类培训中的学员都会存在哪些问题，提供过什么样的培训方案和执行方式，帮助学员提升了哪些能力，达成了客户方的什么目标，获得了客户方对培训什么样的评价等信息，以此在合作前让客户产生好感。其次，培训师根据已经掌握的信息做培训分析，与客户对于需求的期待结合，尽量在线上就给出本次培训的课题框架要点，然后与客户确认需求，达成有成果式的沟通，塑造自己解决问题能力强的专业形象。最后，沟通结束，培训师可以给予机构方完善和优化方案的建议，甚至主动参与部分内容的撰写。

培训师可以向培训机构询问与本次项目需求相关的信息，但未达到一定熟悉度，不要问机构员工人数、业绩多大、老板背景等类似信息，问多了会给机构留下令人反感的印象！

第三节　培训效果承诺和绩效对赌

客户方支付培训费用，邀请培训机构的培训师来做培训，期待通过培训来解决企业存在的问题，因此，常常将企业绩效与培训效果作为培训机构结算的依据。

客户方对培训师的评估要求越来越高，在培训项目采购中，特别是客户方准备与培训机构合作的前提下或者在招标文件中，客户方针对某些特定项目会提出一些问题，如需要培训满意度达到多少；营销类项目达成多少业绩产出；对于一些大赛类辅导培训项目，也会有排名和获奖要求；一些培训也会要求有一定的通过率等。这种以绩效改善和达成某些明确任务为目标的培训采购项目越来越多，逐渐成为行业趋势。

每家培训机构对于这种项目的应对方式都不同，有的就是任何项目都愿意参与对赌，有的看情况决定，有的是坚决不参与。这些培训机构考虑的问题不一样，有的考虑参与后，一旦效果不理想，就会影响机构长期建立的品牌化口碑；有的考虑到其他机构不参与，自己愿意参与，在项目上就可以与客户做好客情，微调考核指标以便顺利完成，哪怕被扣一些对赌费用，总体有利润就可以。

我在培训行业工作近20年，也多次遇到过类似的客户方要求，但是一般情况下都不会拒绝，而是会主动参与，虽然也有个别培训项目承接后，因为种种原因回款不理想，但是总体还是收益大于损失的，风险相对不高。

对于以上这些客户方向培训机构提出的承诺要求，培训机构自然会转移一部分风险给培训师。其实对于培训机构来说，也不完全是让培训师承担风险，大部分培训机构是期望通过这种共同参与的方法，让培训师更重视本项目，花更大精力在这个项目上，对于愿意接受条件的培训师，培训机构会更有安全感和信任感。当然从培训师的角度来看，也不是在乎那一部分课酬，更主要的是担心一些复杂的项目，不是依靠培训师个人能力就能产生好的效果的，担心给自己的口碑带来影响。但是现在客户方的有一定承诺要求的项目越来越多，培训师在跟培训机构对接时，如果遇到客户提出此类需求，可以参照以下方式进行应对，如图4-3所示。

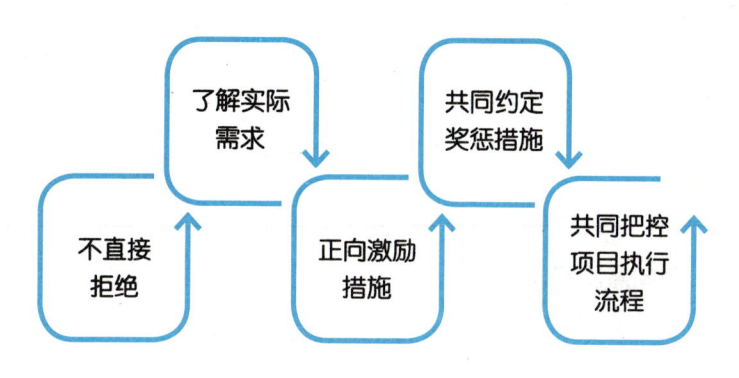

图4-3 客户提出承诺要求时的应对

一、不直接拒绝

客户方想最大限度地保证培训经费花得值，这一点培训师是可以理解的。遇到培训机构和客户把培训效果与课酬挂钩的情况，培训师不要直接拒绝，直接拒绝代表着一点儿机会也没有，也代表着培训师对于培训效果没有自信。

可能培训机构实际上没有对赌的要求，只是随口说一下，目的是试探一下培训师的反应，看培训师对未来授课和执行项目的效果是否有信心。而如果培训师直接拒绝，就完全失去此次项目，甚至其他更重要项目的合作机会。培训师可以先接培训机构的话，表示以往有很多成功的案例，有信心讲好课程和做好本次项目。

二、了解实际需求

客户方要求承诺培训效果或对赌这个项目的目的和原因是什么？是

原来合作的培训机构的培训师讲的课程或类似培训项目的效果不好，采购方有压力，才增加了付款条件吗？还是这次项目中客户方对竞标的培训机构的实力难以取舍，才增加了谈判条件？或是负责此次培训的领导有晋升方面的需求，必须有一个拿得出手的业绩来获得岗位竞争加分？培训师需要通过培训机构进一步了解客户方的真实想法，便于自己更好地应对和满足客户方要求，从而在众多竞争对手中脱颖而出达成合作意向。

三、正向激励措施

在客户方要求承诺培训满意度的情况下，培训师可以协助培训机构与客户方，为培训效果共同设计一个最基础的保障措施，并且要求达到一定满意度和绩效后可以获得奖励性培训经费。

比如，以培训满意度评分60分为标准，低于这个满意度评分（不含60分），只能按照总课酬的50%结算，每增加1分，培训费用增加2%，即满意度达到85分，就能获得全部培训费用；满意度超过85分，可以获得奖励性培训费用，培训师相应的也会得到奖励性课酬。其实行业内大部分培训师都能达到85分以上，这种方式也是给客户方一个信心保障。

再比如绩效业绩类目标，现在好多营销类项目，客户方都要求能通过培训带来绩效的改善，当然这种培训往往指的不是一两天的课程，而是一个周期项目。为了应对这种情况，培训师可以协助培训机构与客户方约定一个最基本的的目标，然后按照阶段完成情况增加奖励，而不是约定一个很高的总目标，然后没有达成目标就按照比例扣除培训费用。虽然最终都会有一个保底，但是想象一下在项目结束后，机构或客户方工作人员向领导做汇报时，两种方式呈现的内容给领导带来的感受是完全不一样的，一种是完成基本目标但没有拿到奖励，一种是没有完成目标被扣掉培训费用。

另外，培训师要让培训机构对负责对接的客户方人员提前做好心理建设，在承诺效果和对赌绩效的指标上，引导客户不要设定太高目标，这样对双方都有好处。一般参与承诺效果和对赌绩效的，都是培训机构与客户方有一定客情关系的，如果未完成的差额比例太大，双方都不好交待，因此，培训师可以很放心地去参与一些有挑战性的项目。

四、共同约定奖惩措施

如果培训师答应了效果承诺和绩效对赌，而客户方对培训机构有一定的奖惩机制，培训师也需要让培训机构坦诚说明，并绑定在一起，实时优化调整执行流程，最终达成目标。培训机构有奖励，培训师也需要有奖励，如果未达到目标，培训师应该按照与培训机构约定的比例，减少收取的课酬。

五、共同把控项目执行流程

在做好前面的约定后，接下来就是如何做好培训和项目把控，以达到好的培训质量和学员学习效果了。比如，对客户需求一定要把握准确，要清楚地知道客户方的培训目标和交付要求，据此判断项目前期做哪些准备工作便于项目执行得更顺畅，哪些培训内容和知识技能可以提前进行线上专业知识导入，执行期间如何进一步优化流程，需要客户方配合和支持哪些事项，如何协助机构和客户设计考核激励措施，客户方能有什么奖励措施给到学员，培训机构会提供哪些激励奖品等。

有时为了增加培训课堂氛围和参与问答效果，除了培训机构会给出一些激励奖品外，培训师也会自费准备一些定制的小礼物，在课堂和项目活动中奖励给优秀学员。这会让学员认可自己的努力，客户方和机构也会认为培训师很用心，更会增加对培训的满意度。有的培训师不认同这种方式，但我认为培训满意度是多方面的，包括学员学得开心、部分知识点很实用、辅助技能固化得更好等，培训师应该通过多方面的细节把控，让培训项目最终完成的效果更好。

客户方对于培训机构的要求越来越多，培训机构自然会跟培训师交流客户的要求，有些也是为了能转移一部分效果不理想带来的风险给培训师，当然培训师可以不接受，但是敢于向培训机构承诺满意度的培训师，受欢迎的程度会越来越高。培训师对课程效果的信心要体现出来，才能把信心传达给培训机构，并间接传达给客户方。

培训师在介绍大纲中或者单独的效果约定中，敢于主动承诺培训满意度，会给予培训机构更多的信心，获得更多合作机会。以下是一个客户方根据满意度计算课酬的约定内容与表格的示例，如表4-1所示。

本合同格式仅供参考，相关条款可由入围供应商在中标后与招标人根据项目实际情况另行协商签订。相关商务条款与招标文件不一致时，以招标文件招标内容与技术要求中要求为准，最终合同文本必须经招标人确定后方可签署生效。

课酬支付方式：

当日培训结束后，甲乙双方共同组织学员进行课程评估（10分制），甲方根据课程评估分数支付乙方培训费用。如评估分数在8.5分以上（含本数），甲方向乙方支付全额培训费用；如评估分数在7.5分（含本数）~8.5分（不含本数），甲方将扣除乙方培训费用的10%；如评估分数在6分（含本数）~7.5分（不含本数），甲方将扣除乙方培训费用的20%；如评估分数低于6分（不含本数），甲方将扣除乙方培训费用的50%。如乙方提供课程为一门，则课程评估分为该门课程的实际得分；如乙方提供的课程为两门以上（含两门），则按上述标准根据每门课程实际得分支付该门课程的培训费用。课程满意度评价表见附件。学员总体满意度根据收集到的有效评价表加权计算。

培训实施后15个工作日内甲方以转账方式向乙方付清该次培训中本合同下的全部费用。乙方应在甲方付款前提供正式发票。

附件：《课程满意度评价表》

表4-1 课程满意度评价表

各位学员：请对课程内容和讲师授课等情况进行评价，以便授课讲师和我们改进工作。分从高到低，分值越高，表示您对该项指标正面评价程度越高；分值越低，表示您对项指标的负面评价程度较高。请在相应方格内打"√"，谢谢配合！

培训班名称：

培训时间： 月 日至 月 日

评价指标		被评价讲师得分（分）
		10 9 8 7 6 5 4 3 2 1 0
课程内容评价	课程内容完整、准确	
	课程内容与您工作的关联度	
	课程内容对您工作指导、辅导作用	
	课程内容能否启发学员思考	
讲师授课评价	讲师对授课内容熟悉程度	
	授课内容是否与课件一致	
	讲师对课堂活动的驾驭程度	
	课堂气氛和学员参与度	
课件资料评价	课件编写	
	授课演示	
其他意见或建议		
学员姓名		所在机构或部门

以下是另几个客户方根据满意度计算课酬的表格示例,如表4-2和表4-3所示。

表4-2 客户方按培训满意度结算课酬(示例1)

交付评估指标	30指标分	培训后组织参训人员对授课讲师进行评估,授课讲师平均得分为90分及以上的,不扣指标分,平均得分为80分(含)~90分的,每少1分扣1指标分;平均得分为70分(含)~80分的,每少1分扣2指标分,30指标分扣完为止。
课酬支付说明		1.两家中标机构,第一中标机构分配60%服务量,第二中标机构分配40%服务量。每期培训结束后,由受训单位与培训组织单位对培训方案、培训课程及讲师授课等情况进行全面评价。若第一场分数未达到90分,则终止合作,其余场次由另一家中标单位负责。 测评验收时平均得分在90分(含)以上,全额支付当期培训费用;得分在80分(含)~90分(不含),按当期实际培训费用的90%支付;得分在70分(含)~80分(不含),按当期实际培训费用的80%支付;得分低于70分(不含),按当期实际培训费用的0%支付。 2.服务工作考核在每期培训结束后统一进行。

表4-3 客户方按培训满意度结算课酬(示例2)

评分机构/部门(加盖公章):

评分对象/课程(讲师姓名/课程名称):

序号	评分内容	评分 (1~10分)
1	符合教学要求,教学目的明确、针对性强	
2	教学态度端正,准备充分	
3	能准确把握教学重点和难点,内容充实	
4	逻辑清晰,结构合理,语言流畅生动,时间分配合理	

续 表

序号	评分内容	评分（1~10分）
5	学员能掌握所学内容，效果好	
6	讲授内容贴近实际，非生搬硬套，案例实用性强	
7	实战经验充分，能很好地指导解决销售遇到的问题	
8	对待学员热情，感染力强	
9	项目期间与讲师沟通顺畅	
10	再次邀请该讲师授课的意愿程度（或对课程整体进行评价）	

打分说明：请根据培训的实际情况进行打分，无特别说明的1为最低分，10为最高分。我们会根据您的反馈，对培训项目组进行评估。

课酬结算原则：85分以下（不含），每低1分，扣除培训课酬的1%，满意度低于60分，扣除全部课酬。

关于满意度评价的具体内容，根据不同客户评估需求的不同，可以调整和完善更多评价指标，最终以有利于培训师为目的，可以参考以下几方面。

（一）专业形象。培训师的基础形象包含，仪容仪表是否整洁、大方，行为举止是否规范、有亲和力，语音、语调是否适中，语言表达是否清晰等。培训师可以结合自己讲授的领域和课题，更进一步地做好标签化的形象定位。

（二）课程内容。培训师的知识是否广泛、内容的深度是否到位、内容的难易程度是否可接受、课程结构是否合理、课程内容是否适用、课程内容的逻辑性和连贯性是否达标、案例讲解是否清晰易懂、案例针对性是否足够强、课程内容是否满足要求、哪些内容可以增加或者减少等。

（三）教学安排。本次授课时间是否充足、现场把控是否到位、板书书写是否规范、课件设计是否美观、课程互动性是否合理、问题答疑是否到位、辅助教具的使用是否合适、教材印刷是否精美等。

（四）总体收获。哪些培训内容的帮助最大、工作中马上会运用的方法是什么、本次培训的总体满意程度如何等。

（五）总体建议。培训师表现最好的是哪方面、本次培训需要改进的地方是什么、是否愿意推荐给其他同事、后期还期待进行哪些培训等。

第四节　助力培训机构稳住客户方

培训师要与培训机构抱团才会"暖"，要有一致行动人的思维。培训师不仅可以协助培训机构设计方案，更可以运用双赢的思维，进一步支持和协助培训机构提升与客户方的沟通紧密度，稳住客户方与培训机构持续合作的机会。

现在客户方的很多培训需求越来越细致，对于方案的制作要求越来越高，而大部分培训机构的营销顾问不具备洽谈专业度很高的培训项目的能力，单靠培训机构自身很难解决客户方的一些具有专业深度的问题。毕竟再厉害的培训机构也不可能掌握全面的培训产品匹配和项目设计执行能力，何况现在大部分培训机构都是侧重营销的类型，更难具备专业深度。关键时刻培训机构是非常需要培训师助力的，具备丰富专业知识和相关成功案例的培训师，是协助机构与客户洽谈项目获得成功的有力保障。

有些有把握的项目，如果能约到客户方的关键人，最好让培训师协助举办一次线下面谈或者线上沟通。如果最终项目没有成功，或者有些大的项目因为各种因素没有合作成，但客户方知道一般培训机构请相关培训师协助是会付出一定的成本的，就会认为培训机构很有诚意，哪怕这次项目没有成功合作，也会给一些其他项目弥补机构投入的培训师成本。

培训机构引导客户方与培训师沟通，不仅说明培训机构与客户方关系不错，也能说明客户方是非常愿意与培训师沟通的。客户方也想听听经验丰富的培训师对于培训的建议和想法，并据此优化培训内容，这也是一个考察评估培训师的过程。

有些尊重专业培训师的客户方，如果已经与某位培训师在线上或线下沟通了，培训师的课程思路与客户方要求也比较一致，那么在几家培训机构与客户方关系都差不多的情况下，有培训师参与与沟通且沟通的效果让客户满意的这家机构就能赢得更多信任，就会加大客户与之合作的意愿。

客户也会衡量培训机构和培训师的付出，所以培训师在这方面提供协助后很有可能获得一定的收益。即使培训师提供义务支持而不求回报，培训机构也会在后期尽力推广这位培训师的课程，以弥补培训师的付出。

培训师协助机构与客户方沟通时，要注意以下三个细节，如图4-4所示。

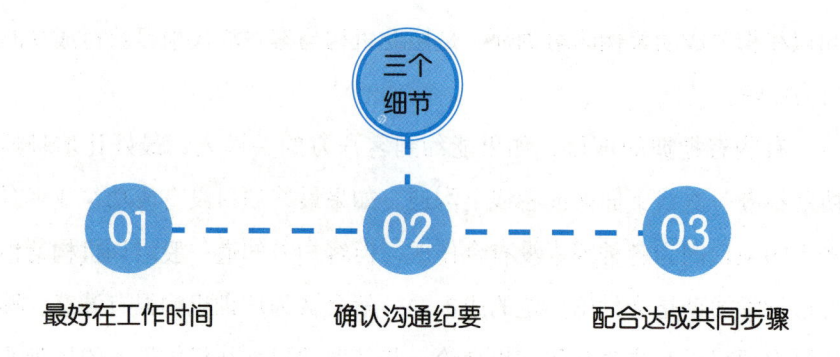

图 4-4　协助机构沟通时要注意的三个细节

　　培训师协助培训机构邀请客户方交流时，一般以线上交流居多，要注意邀请客户沟通的时间最好在工作时间，且邀请客户方2人以上参会，让客户方对与培训师的交流重视起来。虽然有时候培训师白天有课程，晚上才有时间沟通，但是从客户角度来想，下班后的交流一般不会充分，容易变成应付式的交流，效果不会太理想。因此，培训师要抽出白天时间与客户方交流。

　　各方沟通，培训机构要第一时间整理好沟通纪要，给到培训师，再给到客户方进行专业性确认，这样才能让培训机构作为营销辅助做好协助。在线上有一定的交流基础，有一个初步的方案后，再进行线下交流，效果会更好。此外，重要的项目最好建议客户方多人参与。

　　培训师与客户是双向的沟通过程，培训师与机构一定要提前做好互相配合的准备，以便实现尊重、顺畅、高效的沟通，要达成几个沟通步骤，即感谢客户、开场引导、背景互通、强化背景、引导交流、回答需求、回应问题、提出问题、总结共识、确定共识、提交约定、协助推进等。

　　在培训师助力培训机构稳住客户这方面，培训师要选择合作课量多的培训机构，在对营销需求把握准确的情况下，尝试协助培训机构谈项目，这样互相协作以此推动客户谈成项目的成功率也高。

这种培训师协助培训机构促进项目合作的成功率一般在50%以上，培训师可以根据与培训机构的合作情况和协助的难度收取课酬，或者选择义务支持。另外培训师也要留意培训机构在行业内的口碑，大部分信誉好的培训机构，会把培训师协助他们做洽谈的机会用在关键客户上。当然也可能有些培训机构多次请培训师协助与客户方沟通面谈，并撰写大纲、优化方案，但没有成功合作过，这种情况培训师可以毫不犹豫地收取报酬。

为了达到比较好的效果，培训师协助培训机构与客户方谈项目时，要给客户方留下专业印象。在与客户沟通之前，培训师需要做好准备工作，要通过培训机构充分了解客户的情况，包括培训机构以往与客户方合作的情况，培训机构与客户方之前都沟通了哪些事项，客户主要希望解决哪些问题等，培训师自己也要准备以往此类项目的客户见证和成果数据，避免重复性沟通让客户感觉内部没有沟通到位，向客户展示的专业说服力不强。培训师也要试着去了解客户方沟通人员的性格和处事风格，知道沟通过程中哪些话不能说、哪些客户的竞争对手是客户比较忌讳的等，要认真倾听客户问题，谦虚地向客户提问。沟通临近结束时，培训师需要再次与客户确认沟通情况，以便达成共识。培训师要做到知己知彼，才能提升沟通效率并留下好印象，让客户感到自己是懂得培训痛点的人。

培训师可以每年用这种协助的方式，协助3~5家深度合作的培训机构。在征得培训机构等渠道同意的情况下，每年协助支持几次培训机构的客户维护，帮助机构将单天课程转化成系列课，将系列课转化成咨询项目，最终帮助深度合作的培训机构发展壮大，这样也能为自己的课量做好基本保障。

培训师深度维护好这些培训机构，与机构保持良好关系，也是自己课程的品牌化传播的重要背书。关系良好的培训机构也会主动帮培训师转介他们行业中关系好的部分机构朋友。机构与培训师合作愉快，更会发挥资源优势助力培训师的课程推广，面向客户做精准营销。

企培行业未来的合作趋势是培训师与机构互相抱团，培训师全面陪谈。培训师在从专业角度助力培训机构做好客户维护，实现双赢的基础上，可以选择象征性地收取一些报酬。

由于行业内竞争激烈，培训机构在与客户洽谈项目的过程中，有可能遇到中途加入竞争对手，甚至被竞争对手抢单的情况。因此，培训师协助洽谈项目时，也要注意履行合同，尊重机构的利益，预约的课程未开课时，对客户信息必须遵循保密原则，只有如此，培训机构才会对培训师的职业化刮目相看。

经常有培训师向我咨询，说自己代表了某家培训机构与终端客户方洽谈后，沟通得很愉快，这时可能会遇到一家新的机构主动找到自己也与这家终端客户洽谈合作。遇到这种情况自己很犯难，觉得如果拒绝了，不仅失去了本次授课机会，还失去一家新的合作机构，甚至有时候第二家机构也是合作过的机构，不知道如何处理这种情况。

以我多年与众多讲师接触的经验来看，美誉度高的讲师统一的做法是：本次只能代表引荐自己与客户沟通的第一家机构去洽谈，哪怕失去本次合作机会也不能又去代表第二家机构。再退一步，至少半年内培训师不能代表新的机构与这家终端客户洽谈同样的合作项目。作为职业培训师要理解行业默认的规则，让培训机构认为培训师是可靠的。否则虽然这次代表新的机构合作成功，也获得了合作收益，但是会给两家机构带来不好的印象，看似满足了一家，实则有可能得罪两家。至此以后，两家都不敢再帮你多推荐课程，担心你未来也会绕过他们，与新的培训机构竞争同一个客户的合作机会。

未来再面对终端客户时，培训师更要有原则，切忌绕过以往合作机构接私单，这种行业忌讳的行为一旦在某位培训师身上发生，负面消息传播速度会很快。培训行业需要大家共同维护，培训师代表某家培训机构洽谈时，可以互相约定一段时间内不会代表其他机构，最终使培训行业发展得更繁荣，不能让一个终端客户随意地破坏企培行业默认的规则，从而认为培训机构没有太多价值。

企培行业喜欢仪式感和参与感强的培训项目。同样的课题，培训期间的仪式感会使这个培训项目与其他培训项目呈现出不同的氛围，让学员不仅仅获取知识，还愿意充分参与其中。而且，仪式感还会让学员对培训师的优质授课留下深刻的印象，更会对培训形式留下美好的回忆，因此，很少有人会拒绝仪式感带来的参与性和荣誉性。

培训师协助培训机构设计出一个有仪式感的培训形式，会给客户方和学员留下好印象，会带来高满意度。培训中可以穿插多种授课形式，根据项目要求营造特定的仪式感，为客户创造与众不同的培训价值。

仪式感的项目内容包含：开班走红毯、开班致辞、客户方领导参与的启动会宣誓、集体朗诵、学员分组竞赛、学习宣言、签名墙签字和留影、特别制作的学习手册和学习用品、宣传海报、公众号推文、内部群传播标杆、给学员举办生日会、培训班结业庆典、结业证书、颁奖仪式、优秀学员上台分享心得感悟、结业影片、学员纪念章、定制化奖品、学员个人学习记录、培训师对学员的个人评价、学员互评、管理者对学员的评价、项目过程回顾视频等。培训师可以在各个环节根据项目要求进行策划和设计。

第五节　主动协助培训机构精准控标

职业培训师不仅仅需要讲课好，更需要在熟悉投标流程的基础上，知道如何对一些培训机构给予更多的支持和帮助。如果能帮助合作的培训机构拿下更多的项目，培训师的课量自然会增多，本节主要分享培训行业控标的一些思路。

培训师协助培训机构，帮助客户方进行投标标准的制定，其专业术语就是"控标"，这可以提前树立一定的投标标准壁垒。对于控标，培训师一定要带着专业性，抱着能帮助客户的心态，以客户能采购到好项目为目标去制定投标标准。培训机构的客情关系做得怎样，决定了机构能否提前介入客户招标事项进行控标。

很多培训师接触培训机构时，直接谈具体的项目需求和报价要求，比如某个指标、业绩要求、培训师安排、培训形式等，表示客户已经有标准了，正在以这个标准筛选合作伙伴。这往往说明有竞争对手已经提前沟通过，即有控标的可能。

有时，客户方的招标评分标准表面看似合理，但是通过分析发现，有些评分标准描述得过于细致，带有倾向性，这就可能存在控标的情况。因此，培训师和培训机构参与投标时，经常需要关注竞争对手，主动了解都有哪些培训机构参与竞争及他们的产品概况，做到知己知彼。

越早参与建立标准，越容易被客户当成首选合作伙伴。在有的项目中，竞争对手其实并不弱于我们，但是谁先提出标准，谁就在合作成功率上占据了优势。如果部分项目被竞争对手控标，我们就要在没有出确定的招标文件之前，主动影响标准，引导客户产生新的需求或想法，建立有利于我们的标准。而在招标文件已经发出来的情况下，我们就要在投标中主动升级方案，提供有利于我们的标准。

下面分享几种可能存在控标的情形，如图4-5所示。

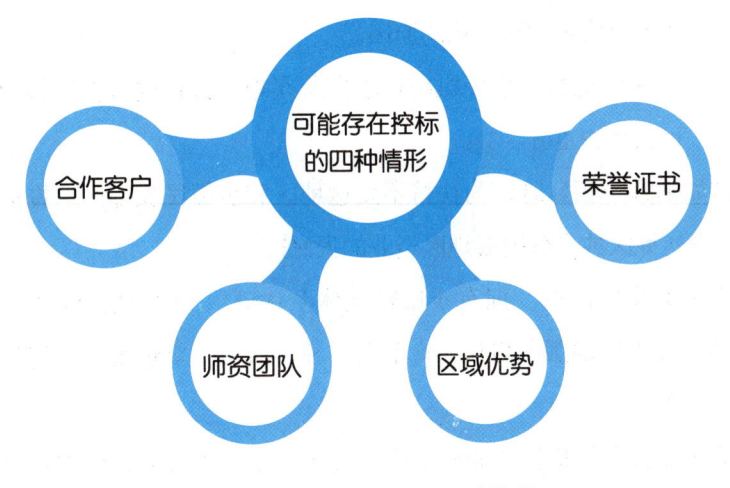

图 4-5　可能存在控标的四种情形

（一）合作客户。与客户方合作多少次能得分，与其他客户合作每一个案例类型得分多少，合作案例金额达到多少算有效得分，在某个时间段合作多少次、每次得分多少等。根据培训机构的优势部分，重点分配得分的权重。

例如某银行的招标评分标准：总分是25分，3年内与本银行合作一次得1分，最高得10分；合作金额50万以上的案例，每个得1分，最高得5分；与其他银行合作类似项目案例每个得1分，最高得5分等。从合作次数、合作金额的基数等细化的得分标准，就可以明显看出有某个机构符合相应的标准。

（二）师资团队。可以把提供的培训师数量、专题相关培训师的数量、入职培训机构的培训师的数量等作为得分依据。

例如某客户的招标评分标准要求，培训机构每有一位所在区域的培训师得1分，总权重分竟高达20分。还有一个客户招标时要求培训机构有30位签约培训师，缺少一位扣0.5分，扣完为止。这类标准也是有些培训机构主动想跟自由培训师签约的原因。

（三）区域优势。投标机构是项目所属地的公司或者在所属地有办事处的，可以加权重分。

例如某客户招标时，为扶持不发达地区和少数民族地区，投标供应商为不发达地区或少数民族地区企业的得2分。

（四）荣誉证书。拥有质量管理体系认证、3A级诚信经营示范单位、5A级人力资源服务机构、产品著作权（版权）等证书的，视具体情况量化得分。

例如某银行的招标评分标准中，关于研发能力方面，机构具有银行培训类课程的版权专利证书的，每提供一项加1分，最高得5分，要求提供证书或证明材料复印件。

以上仅是部分情形和示例，供培训机构参考借鉴。那么一些初创的培训机构在一些评分标准上没有明显优势，是不是就没机会参与越来越专业的投标呢？其实不必太担心，从控标角度来说，方法很多，采用区间分的评分方式就是其中一种。比如培训机构展示优势时，不需要量化每个证书、每个荣誉得几分，而是采用类似0~10分这种方式，这样评委打分空间就比较大。再比如，培训机构在培训方案上也可以提前介入，对于方案执行细节与培训师进行约定，或者拖延客户发出招标的时间点，使得一些培训机构应标时间短等。总之，培训师和培训机构要总结自身优势，灵活运用优势，避免不足，变被动为主动，提前介入投标。特别是拥有自身优势项目和行业口碑的培训师，与培训机构签署独家或者区域授权合作协议后，要积极引导深度合作的培训机构提前介入客户方的招标文件拟定中。

除了分数上可能存在控标外,对一些项目的执行内容和标准流程,也可以进行控标,例如我们经常看到一些采购项目的需求指导,可以直接复制下来作为执行方案,这就是典型的培训师参与设计的方案被用到招标文件中了。

同样的,有些招标内容,客户方都已经做出来了,按照机构和培训师的要求改的可能性很小。这种情况下,机构和培训师可以对评分的权重微调,突出某些标准的重要性,对采购项目的参数进行明细和难度补充。总之,尽可能使一切标准靠近培训师和机构的优势。

以下是有控标可能的评分标准的几个典型示例,如表4-4、表4-5、表4-6、表4-7所示。

表 4-4 某地区师资报价评分标准

名称	评分标准	分值
××地区内师资报价评分	1. 评标基准值的确定:取有效投标人报价的算术平均值(当投标人数量大于5家时,去掉一个最高值和一个最低值)为评标基准值。 2. 中级培训师报价,满分10分:投标人的报价与评标基准值相等的得满分10分;每高于评标基准值1%,在10分的基础上扣0.5分;每低于评标基准值1%,在10分的基础上扣0.25分,扣完为止。 3. 高级(资深)培训师报价,满分10分:投标人的报价与评标基准值相等的得满分10分;每高于评标基准值1%,在10分的基础上扣0.5分;每低于评标基准值1%,在10分的基础上扣0.25分,扣完为止。 以上仅限所在××地区内讲师评定,需提供证明文件是××地区内培训师。	20

表 4-5　区间分值评分标准

评审项目	分值	评分标准
服务技术部分（总分33分）	3分	企业情况及企业管理制度：评委依据投标人的企业情况及企业管理制度等酌情打分，为 0~3 分。
	12分	评委依据投标人提供的签约师资情况及质量情况等酌情打分，为 0~12 分。
	3分	评委依据投标人提供的课程开发队伍人员及数量、专职服务队伍情况、服务流程规范度等酌情打分，为 0~3 分。
	4分	评委依据投标人对项目的理解、对需求的把握酌情打分，为 0~4 分。
	4分	评委依据投标人的课程设计合理性、符合性及课程跟踪服务方案等酌情打分，为 0~4 分。
	5分	评委依据投标人的课程所配备的师资能力、课程特点及优势等酌情打分，为 0~5 分。
	2分	评委依据投标人提供的合理化建议、合同中的投标人职责情况及增值服务承诺等酌情打分，为 0~2 分。

表 4-6　师资专业能力评分标准

评审项目	分值	评分标准
师资方案	20分	（1）授课教师应具有金融专业学历背景，有较强的专业基础能力，每有一位得1分，共计5分；（2）全部授课教师均具有金融业或银行业的从业经历，得5分；（3）授课教师应具有5年以上授课经验，每有一位得1分，共计5分；（4）授课教师近一年具有5家及以上银行业零售财富管理营销赋能培训经历的，每有一位得1分，共计5分。

表 4-7 产品体系评分标准

评审项目	分值	评分标准
产品体系分	8分	（1）培训类别方面：近5年（××年投标截止）提供的省行及以上的，金额＞10万元的，期限3天以上的，类型为集中培训的培训合同中，包含领导人员（管理层人员）培训、专业人员培训、营销辅导培训、新员工培训、内训师培训、千百佳网点创建辅导、考证辅导7个类别的，每个类别得1分，最高得4分；同一类别不同合同不重复得分；提供证明材料复印件。 （2）培训形式方面：近5年（××年投标截止）开展过行动学习、案例工作坊开发、视频课程开发的，每个类型得1分，最高得2分；提供证明材料复印件。 （3）研发能力方面：银行培训类课程具有产品版权专利证书的，每提供一项加1分，最高得2分；提供证书或证明材料复印件。

培训师协助机构进行标书制作的指导，特别受机构欢迎。作为培训师，我们要了解在标书制作中如何把控细节，要关注招投标过程中的一些注意事项，尽最大可能不产生废标。比如，培训师可以建议培训机构把需要检查的事项做成一个表单，检查的时候一一对照，这样就不会漏掉某一项。如果是一个人检查，可能会存在检查盲区，为了加强把控，可以"三审三校"，由文案部设计标书的同事、负责此次项目的营销顾问、公司负责人或者区域负责人各检查一次。此外，参与项目的培训师，可以再进一步针对标书进行检查。

招标书中没有说明必须按照特定要求对目录进行排版时，在不废标的前提下想要得高分，可以把部分优势和亮点作为二三级目录呈现，比如案例、培训效果、项目管控、质量保障、协议、获奖等。一定要突出优势，不要把所有内容都排在目录中，而是要只排优势特别明显的。也可以做一个评分索引，让表格更直观、更整齐，便于评委迅速找到，这样会增加对方的好感。应标内容尽量用图文和表格来配合呈现，层次分明的排版更容易让评委打高分，如表4-8所示。

部分投标书，让关系特别好的客户帮忙提前审阅也是可以的。

表4-8 应标时需检查的内容

序号	检查内容	是否满足	备注
1	密封文字要符合要求或者使用要求的格式。		
2	标书正副本份数正确，正副本分开装。		
3	投标人姓名和本人身份证一致。		
4	所盖印章、盖章位置等符合盖章要求（内页章、封页章、骑缝章、密封条章等）。		
5	参与标段（包）、标号均正确，特别参与多个标段时。		
6	报价数字（大写/小写，总价/单价）在有效报价内，核查是否有二次报价。		
7	带到现场的合同和营业执照是原件（有些项目用盖章的复印件也可以）。		
8	按照要求进行装订，打印的字体格式和正反面符合要求。		
9	标书封面格式和名称符合要求（有些项目要求不能有客户方LOGO）。		
10	目录必须按照要求排版（有的不能体现二三级目录），页码和内容相符。		
11	技术偏离要有逐项应答。		
12	缴纳保证金凭证需要带原件。		
13	应标与投标文件不可写成招标文件。		
14	公司资质等相关证书未过有效期。		
15	按照要求保存电子版本。		
16	财务报表必须经过第三方审计。		

第六节　讲标时呈现优势和挖掘亮点

越来越多的培训师需要协助培训机构讲标及做方案呈现。讲标和方案呈现跟培训师讲课不同，更与演讲不同，需要的是呈现技巧，也就是说服力技巧。讲课时，不能将观点和理念讲得过于细致，否则时间不够。讲标更多的是用过往经历来证明自己有做好培训项目的能力，并且还要表明本次自己会通过更好地执行流程，来做得比以往同类项目更好，满意度更高。讲标要抓住执行流程的核心点进行提炼，而不需要讲得细致，要最终呈现出培训机构的综合实力，凸显与我方合作是最佳选择。

投标可以大致分为入围标和专项标。

入围标的方案呈现要多阐述综合实力，比如成立年限、讲师队伍、研发能力、团队实力、以往案例、所服务的客户、典型项目、被持续复购、被连续多年采购、行业地位、荣誉捐赠等，以上这些都是可以证明机构实力的方面。对于机构的综合实力，一定要多角度展现，最终让客户选择我方机构作为供应商之一，满足入围期间重要项目的执行需求。

专项标的方案呈现要有聚焦效果，聚焦本次培训的产出比，用数据和案例等证明我方以往做的这类项目很好，经验丰富，执行更熟练，未来会更好，让客户方觉得选择我们是正确的，在目前的竞争对手中我方的项目方案是最优选择！

接下来我们看一个采购方对于讲标PPT和方案呈现的评分标准的真实案例，我们可以从中看到PPT设计的结构与内容和评委关注的呈现关键点，如表4-9所示。

表 4-9 PPT 演示讲解的评分标准

评审项目	分值	评分标准
现场沟通（现场 PPT 演示讲解）	33分	提供项目简介 PPT，关注要点为： 1.结合2个以往案例，描述进度、实施过程、效果等情况（每个案例5分，合计10分）。 2.提供所需的线上线下笔试、各类型面试、情景模拟及素质测评等评价媒介（2分）。 3.提供方案，并着重关注以下内容：需求调研、体系设计（2分）；测评技术与工作量测算（2分）；流程控制、质量控制（2分）；数据整理和分析报告（2分）。 4.内部管理制度建设情况，包括内部组织设置和分工、培训流程和规范、信息保密管理、考核奖惩情况等（2分）。 5.是否有完备的流程管理措施及应急预案，能够切实保证项目服务顺利进行（2分）。 6.本机构相关优势与特长及其他的增值服务（6分）。 7.PPT 讲演不超过20分钟（3分）。 评标委员会根据各投标人的项目贴合程度和适用性进行综合评定，各得分项中优秀的分数×（80%～100%），良好的分数×（60%～80%），一般的分数×（60%以下）。 没有讲演或者讲演不满足要求的不得分。

我们把优势和亮点分为固定优势和针对性优势两种。固定优势指的是培训机构存在的全面优势，不针对某个具体项目；针对性优势指的是在固定优势的基础上，针对某个项目延展出来的新的优势和亮点，部分优势和亮点可以灵活交叉或合并运用。

优势和亮点的展现主要包括以下几个方面，如图4-6所示。

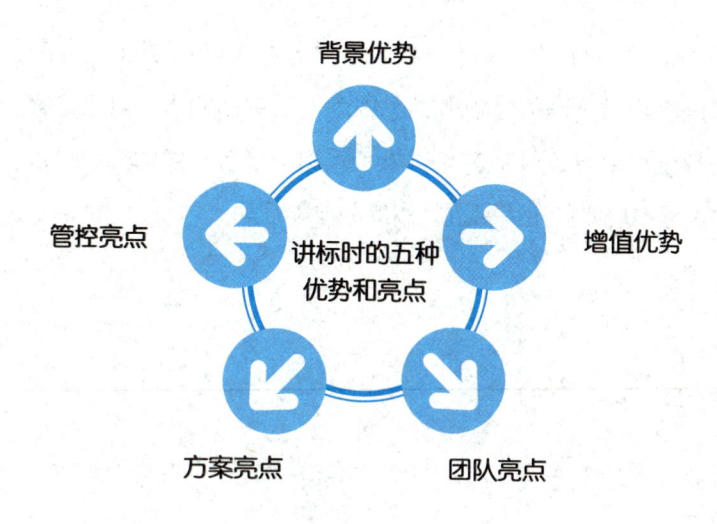

图 4-6 讲标时的五种优势和亮点

（一）背景优势。公司成立年限、获奖情况、合作客户、每年业绩、资质证书等。

（二）增值优势。报价折扣、赠送微课、免费增值服务、讲师实时答疑等。

（三）团队亮点。师资实力、执行团队优势、项目服务经历、团队人数等。

（四）方案亮点。目标和背景切合、具体的执行流程可实现、以往执行经验丰富等。

（五）管控亮点。项目经理职责全面、日常学习制度规范、线上工具支持等在师资保障之外的辅助手段，让培训项目综合效果更完美。

一些竞争性比较大的通用类项目，竞争对手可能都满足条件，在这种情况下，我们要有超出现有需求的竞标策略，比如在讲标现场时，我们呈现的内容要远远超过本次客户的采购预期，但是预算却可以不变，这就是博一把的呈现方式。

另外还要注意，如果是单独向客户方高层或高层在现场的集中呈现，可以有稍微不同的呈现方式。因为不同层面的人，对于方案呈现会有不同角度的期待，对于有高层或者采购决策者在场的集中呈现，我们陈述的过程中要对特定人员进行高度关注和互动。

第七节　培训师讲标需考虑的事项

讲标往往需要培训师主讲，或者培训师与培训机构互相搭配。培训机构更多地讲商务部分，培训师则呈现技术部分。而培训师担任培训机构内部讲师，会承担讲标的全部内容，因此，作为培训师，我们要具备讲标的呈现能力。

从行业招标来看，客户方评委对于讲标PPT的设计和呈现方式有一定的评判标准，即使没有对外明确说明，客户内部也会有参照。讲标的PPT要突出亮点，具体来说，要注意以下几个方面：

一是搭建结构并合理分配讲标时间：主要参照几个模块——背景、目标、流程、案例、公司、报价，当然可以根据讲标时间，确定本次讲标重点，再拆解或者合并某个模块，展示模块不要太多，容易让评委记不住。

二是客户方和培训机构的文化主题色：培训机构主题色要配合客户方主题色，培训机构的讲标模板不是一成不变的，整体PPT的主题色符合客户方主题色的话，会让评委感受到培训机构的用心。有的培训师觉得每次使用新的模板工作量太大，但其实把关注重点放在PPT首页和结尾的设计上即可，具体关注主题色、双方的LOGO、期待合作的短语、版面设计等，这些都要体现出合作的意愿（比如握手的标识），这样才能用主题颜色搭配和图片标识去引导客户方产生合作意愿。

三是重点内容摘要和分类突出：一些重要的内容可以用特殊字体突出显示。展示一些需要强调的素材时，可进行详细的分类介绍说明，也可以添加链接内容进行展示，尽管有的内容因为时间原因没办法讲透彻，但也不能完全略过。

四是标注重点页码让客户与我们同步：为了方便详细讲解标书，同时也方便客户能更详细地看标书，培训师可以在讲标PPT中标注页码，特别是能呈现我方优势和亮点的重要内容，一定要同步提示评委在标书第几页。

五是重点内容在最后呈现：讲标PPT上的精彩内容或者培训机构的优势和亮点，可以在临近结束时重点体现。有的培训师会在各部分内容讲完后，再增加一个PPT，强调说明培训机构的优势或者选择与其合作的理由。

我很早之前看过一个电视剧，其中有一个片段，对于讲标现场做了细节描写，给我的印象很深刻。剧中讲一个讲标人，前期帮助一位老人进入会场，然后提前到现场协助会务人员，调整桌面茶杯的摆放时考虑了部分评委的使用便利，正好被关键评委看到，最后也因此获得合作机会。虽然是电视剧的片段，但也能对讲标人产生一些启发，比如告诉我们，在现场的一举一动都会被有心人看到，甚至可能是评委故意测试。因此，投标人在接近客户方办公楼500米左右时就要职业化起来，进入电梯帮按楼层，提前到竞标现场，晚一点儿签名，看看哪些公司参与，甚至会有别的培训机构把你当成评委的意外惊喜出现，还有二轮报价的提交尽量等到最后等细节。

很多情况下，二轮报价表中会留出一个空白——其他增值服务及情况说明，遇到这种情况，一些机构认为标书中已经有明确的增值服务说明，评委会在招标文件中就能看到，就不用重复填写了。根据我多年的投标经验来看，哪怕投标文件中已经包含这些内容，我们也要再重点写几条培训机构的优势和增值服务，因为评委给二轮报价打分的时候，也许之前没有细看投标文件，此时强调几个增值服务，正好可以增加评委的好感，促使评委对增值部分的评分或者其他主观评分项，打出相对高的分数。

二轮报价中，我方要针对权重分占比、价格分的得分方式、竞争对手的习惯报价方式、期待的得分及是否低利润也要拿下等情况提前做好考量。

讲标现场要注意的细节主要有以下几点，如图4-7所示。

（一）开场注意事项。参加投标时，经常是几十家培训机构在门口排队等候，很多同行好久没见，会聚在一起畅聊，甚至有些互为朋友会更放松地打招呼，有的人还会约着结束投标一起聚聚。这些都会导致等候区秩序比较乱，如果被偶然走过的评委看到这种情况，会对这些参加投标的机构产生不好的印象。甚至有的等候区还有监控，因此在等候区即使看不到评委，也一定要让自己专业起来。进门一定要敲门并打招呼"评委们好，我是××培训机构的××"，离开时要说"感谢评委，期待合作"。如果有需要，还可以帮着叫下一个竞标机构，最后再轻轻地关上门。

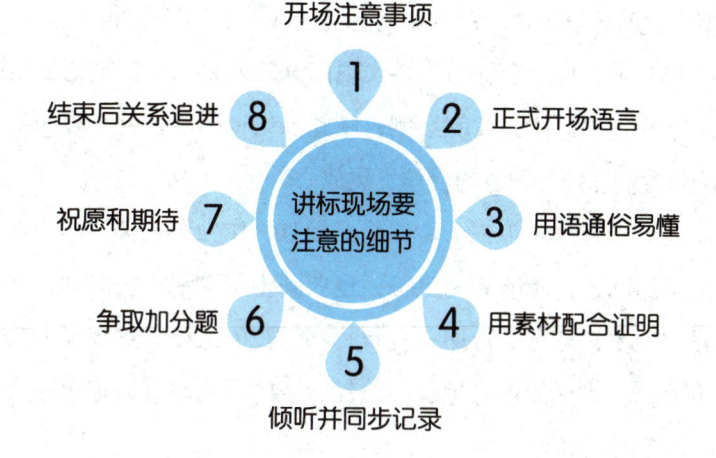

图4-7 讲标现场要注意的八个细节

（二）正式开场语言。讲标开始时要说"感谢领导（或评委）给予机会，我们有信心在未来执行好本次项目"。接下来正式讲解时，要从项目解决什么问题，以往此类项目执行中遇到的难点代入，引起评委的认同感，并间接说明我方培训方案已经解决了这些难点。此外，讲标时不仅要展示执行流程细节，也要向评委展示这次项目参与的培训师经验很丰富，项目把控很细致，能让项目交付更完美。

（三）用语通俗易懂。培训行业内部有一些专业术语，包括一些学习工具和模型，内部沟通时常用这些专业术语或简化语言，但我们知道作为采购方的评委不一定都是业务部门的人，他们可能只是参照评分标准进行打分，而培训师所讲的一些行业术语和有专业深度的问题，有些评委听不懂。人都会有一种心理，会反感别人在自己面前装专家，即使培训师讲得再专业再好，评委听不懂，就会认为未来培训班的学员也听不懂，进而会认为培训师讲的内容缺乏针对性和落地性。为什么有的人说话能让一些非本行业的人愿意听？因为他站在对方的角度，用非专业人士能听懂的语言去说，对方才会有亲近感，才会愿意听。

（四）用素材配合证明。要表现出好的效果，最直观的就是给出数据的对比及一些过往完成的案例，以此强化说明以往的经验和实力，让评委能对我们在同类项目的合作上更放心。

（五）倾听并同步记录。评委提问时，作为培训师，即便你能瞬间记住提出的问题，并能立刻应答，也要同步记录评委说的话，并不时诚恳地看向评委，给评委传递一种认真和重视的态度，这样评委会认为你很尊重他，认为你能很好地领会。对评委的提问越真诚记录，合作上越会有知己难得的效应。

（六）争取加分题。这期间我们要做好客情，对简单问题，要证明我们确实做过同类型项目，并且获得了很好的评价。

（七）祝愿和期待。讲标结尾一定要说一些客户愿意听的话，多用"我们能做得很好"此类引导语，业绩方面要有一个预期达成情况的描述，声音要有底气和气势，表达一种项目完成后能给客户方带来业绩倍增的效果，能使团队跨越性发展的祝福。

（八）结束后关系追进。好多朋友说，客户不让打电话或者发消息询问是否中标，只让等官方的结果通知。这是合规方面的要求，但是没有不让发"很荣幸参与投标""期待合作"等消息，还可以发一些重点强调我方机构实力和机构在这个项目上的优势等关键性消息。这期间的客情维护更重要。

讲标配备的文件素材能带动现场则带动现场，可以向评委展示，但是不要留下。

评分标准公开的讲标过程中要告知评委，我方满足得分要求，甚至部分项目可以自信地说明我方有实力得满分。

作为培训师，讲标时不仅要展现我方机构的综合实力，也可以特别说明自己在这个项目中的过往经验和行业地位，言明自己会带队来执行这个项目，这也代表着对未来交付效果的保证。

以下是培训师辅导培训机构讲标人员的一些实战操作。

1.讲标开头的介绍和对评委的问候，要突出未来合作愉快和有信心完成好的意思。

2.痛点引导，解决客户方关注的痛点，不仅仅是招标文件中提到的痛点，还可以再增加一些，引导出此次项目的执行步骤。

3.赠值服务等亮点要先说明总数，再分别阐述，最后再强调下总数。

4.说到授课效果时，一定要用量词描述，并且结合一些以往客户采购方的评价文字和盖章的确认函等。

量化内容比如：

（1）以往同类项目的培训效果满意度高达95%以上。

（2）以往同类项目对业绩的提升最高达到120%，平均增长达到30%。

（3）提前3个月完成全年业绩指标等。

5.公司介绍、成立年限、年度完成情况、服务类似客户情况，更要结合量词、概括词和以往客户的评价词来讲解。讲标时间有限，要注意进行重点摘要分享。

6.如果以前就与本次投标的客户合作过，讲标时一定要多次强调"感谢给予机会"。

7.进行师资能力呈现时，要突出培训师与以往客户的合作情况、培训师背景匹配情况等重点方面，有多位培训师的呈现可以再次集中总结亮点。

8.呈现典型案例时，可以选取更有利的对比数据，以对比更强烈为根本，突出"满意度"、突出"轮训"、突出"业绩"、突出"多年合作"等关键词和相应数字，PPT上字体也要突出。

9.部分重点内容和期待评委多关注的内容，可以停顿一下，同时语气加重。

10.哪怕前面模块展示过部分亮点，后面讲到某些模块时，也可以再次选取亮点摘要，强化正在呈现的模块的评分。

11.实际执行的项目图、业绩播报图、满意度评价、管控文件、文件包等内容多用图来证明确实有而且很优秀，图文和大字体能加强视觉冲击力。

12.最后结束时要说"期待合作"或"期待再次合作"等，不要说"谢谢聆听"。

第五章

培训师职业化发展

第一节　职业化和敬业度的修为

目前培训师的职业化标准还不完善，但是要担负着教书育人的责任，就应当精进身心的修为，去尽力实现自身的职业化，而职业化也是在专业之外考量培训师美誉度的重要因素。培训师要想在职业化道路上走得更远、更稳健，就必须恪守职业操守，不忘做培训的初心。韩愈在《师说》中说："师者，传道授业解惑也。"作为培训师，我们更要谦虚地看待自己的职业。

师道，就是我们职业培训师的初心、职责和义务，就是把我们培训师在专业领域的某些知识，用通俗易懂的方式表达和呈现出来，促进学员的学习获得一定的成果。因此，培训师想做到职业化，首先要做到谦虚，不要觉得机构方、客户方及学员什么都不懂。培训师讲课的目的不是征服大家或证明自己比学员懂得多，而是理解和帮助学员，让学员收获知识，在工作思维上有所转变，在工作技能上有所精进。

著名教育家陶行知说："学高为师，身正为范。""学高为师"指的是老师要比学员业务能力强，行业经验丰富，知识面广，还要有高超的教育教学能力。"身正为范"指的是老师要有高尚的人格，老师的言行就是学生可供参照的道德标准。在企培行业也是一样，对于培训师来说，讲好课、持续学习、谦虚、以身作则等都是基本要求。

培训师在职业化方面被提出更高的要求，课程讲得好仅仅是基础，想要做到职业化还要有一定的匠心和师德，要敬畏培训师这个职业。我与行业内的朋友们交流时经常说，培训师某次讲授的课程可能无法让所有学员都满意，但是不要气馁，要认真地准备每一堂课，每一堂课程的讲授都竭尽全力，这样才能每一次都比上一次做得好。

有些学员听过的课程、见过的培训师很多，他们也会审视培训师的表现，甚至有时候坐在下面的学员，在人生阅历、职场资历和工作经验上都超越了培训师。因此，培训师的授课内容一定要有新意，要与时俱进，不能多年不更新课件，还认为自己的内容都是久经考验的。培训师不要带有傲慢和轻视学员的心态，更不能因为某些观点不同，就出现与学员对抗的心态，否则很容易遇到被客户和学员当场淘汰的尴尬情形。行业内经常出现身经百战的培训师讲了不到一小时就被主办方叫停的场景，这种负面事件的传播力非常大。培训师如果被叫停课程，往往需要培训机构找其他培训师来救场，而培训师甚至可能永久性地被行业淘汰！尽力给客户方和学员带来超过预期的价值是培训师的基本职责。

孔子说过："其身正，不令而行；其身不正，虽令不从。"（《论语·子路》）职业培训师的修养亦是如此，人品是第一位的，不讲低俗和低级趣味的内容，要树立良好、正面的职业形象；做到以身作则，身体力行地发挥好榜样带头的作用；要做到爱国爱党，传播更多正能量，不违反法律法规；尊重每个地域的文化风俗习惯，对涉及政治、宗教的内容慎重谈论；不谈论他人的隐私，不开学员忌讳的玩笑；不故弄玄虚，不夸大吹嘘，如图5-1所示。

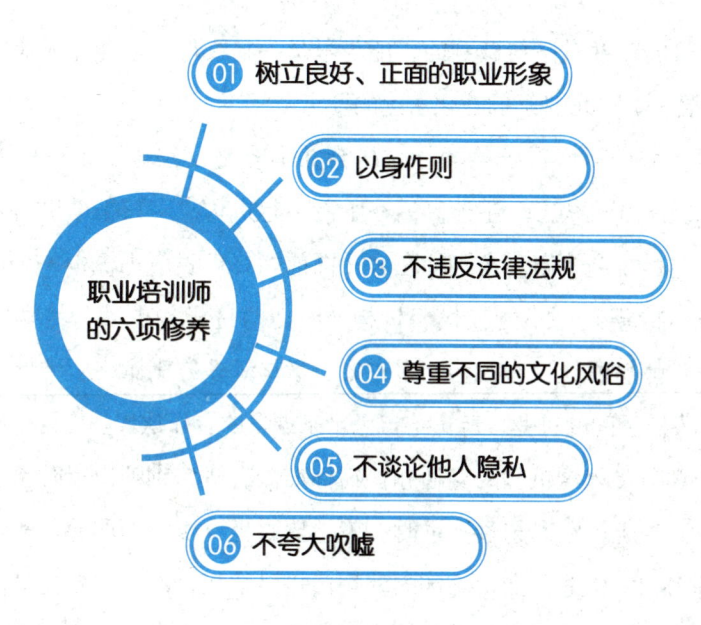

职业培训师的六项修养：
01 树立良好、正面的职业形象
02 以身作则
03 不违反法律法规
04 尊重不同的文化风俗
05 不谈论他人隐私
06 不夸大吹嘘

图5-1 职业培训师的六项修养

培训期间，培训师自我行为的管理很重要，要严于律己、积极向上、传播正能量。培训师向学员传递正向价值观，比提供知识和技能更为重要。

职业培训师要做到尊重行业知识产权，不做侵犯版权的事情。培训师分享的知识和内容要真实可信，交给学员的工作技能要经过大量实战工作的验证，要对向客户和学员提供的知识负责。培训师提供的培训教材不能出现不规范或错误的用词，要讲授的课程不管之前讲过多少遍都要花时间备课，避免出现有些内容只会照着PPT读的尴尬。

培训师要树立作为知识提供者的服务意识，知无不言、言无不尽，有一颗利他之心，尽最大努力分享自身能力范畴内的关键知识点。

培训师应该热爱课堂，热爱学员，向学员传授经验和思路方法，让学员真正受到思想启发和情感触动。培训师讲授的内容和方法，应该是自己经过实践并且坚持做到的，能与学员一起践行，才能让人信服。做到知行合一，是培训师职业化永远的要求。

职业培训师赢得机构的合作机会并不容易，应该尊重机构方的规定，积极配合机构方，不能高高在上看不起机构，应该帮助机构方维护利益，这样才会多赢。培训师在客户面前始终代表培训机构，应该遵循行业默认的规则，不能在代表机构方时还跨过机构单独与终端客户合作。培训师想要让合作机构、客户方、学员等多方满意，就要敬畏这个需要认真做学问的行业，尊重给自己带来课量的合作伙伴。

培训师要尊重机构的交通和住宿标准。有些培训师出行时希望坐一等座或商务座，距离超过多远时，就希望乘坐飞机，而职业化的培训师会理解培训机构的标准，增加的费用由自己承担，不向机构提过分的费用上的要求。当然培训师也可以自主选择交通和住宿，机构同样也尊重培训师，即使培训师对于交通和住宿没有过多要求，培训机构通常也不会安排得太差。

职业培训师要有较强的时间观念，要遵守承诺。比如，保证每堂课的授课时间满足约定；行程安排上尽量留出路上时间，保证按照约定时间到达培训会场；承诺发送给合作伙伴和学员的课纲、方案能准时交付；课堂上答应提供给学员的资料等，课后言出必行给到学员；课程按照客户方要求准时结束不拖堂，更不能提前结束课程，导致没有完成约定的课时。

有时候，培训师为了赶下一个行程，会利用中午时间补足课时，占用学员们中午休息的时间，从而可以提前下课，这样也会给客户和学员带来不好的感受。当然有时候确实需要微调一下排课，也会征得客户方的意见，但较大的时间调整，最好尽量避免。课程结束后，在不着急赶下一场培训的情况下，可以恭送学员离开培训现场。这是职业度的体现，会提高学员对培训师的喜欢程度，也能提高客户、机构对培训师的好感度等。

对于客户方和学员的不想公开的敏感信息要进行保密。不向客户方主动索要礼物，对客户方要真诚和敬重。对学员要有足够的尊重，避免讲授不当，给学员造成不良影响。面对学员不能端着，不能自以为是。

对学员要有同理心，要懂得换位思考，要放下身段做培训，要谦逊。培训师应该理解学员对于学习的期待，让学员感到自在、被鼓励和被肯定。培训师应该公平对待每一位学员，尽可能照顾到每一位学员的学习能力和进度，给予学员信心；不能孤立任何一位学员，要让学员有参与感，有获得新技能的突破感，让学员感受到平等的学习氛围，对学到知识有充足的自信。

培训师要重视学员的提问，倾听时要有耐心，对于学员的提问确实回答不了的，要避免不懂装懂，诚恳地向学员说明，或者后期深度研究掌握后，再单独回复学员。培训师要鼓励学员多参与讨论，要能容得下学员在专业上的挑战，让学员享受课堂。遇到学员提出不同见解时，要避免与学员针对没有明确答案的问题陷入长时间的争论，个别讨论可以放在课下沟通。这样也能避免课堂上占用过多时间，影响培训的进度和其他学员的学习。培训师千万不能与学员发生正面冲突。另外，对客户方培训现场的服务人员也要温和谦让，有同理心。

面对同行，培训师也应该自信而谦卑，不贬低同行，与同行相互尊重、相互学习，要有一个开放的心态，乐于分享，成人达己，与同行和谐相处。

培训师的敬业度也体现在培训现场主动配合度高上，项目出现问题响应应及时，以及投入更多的精力去协助机构方和客户方推动项目顺利完成。培训项目的交付要专业且用心，培训过程要有始有终有亮点，培训师应该靠着把每一堂课讲好，把每一个项目做好，来获得机构和客户的持续认可，获得项目交付品质好的口碑。

培训师的敬业度较高，会让学员在交流时感到亲近，会使自己显得平易近人，值得敬重。培训师应该耐心对待学员提出的工作中的问题，用心解答，充分考虑学员的学习感受，让学员愿意跟随自己学习，并且学得开心和轻松，学到有用的知识，学到智慧。

对于培训前客户提出的超过自身讲课能力的要求，培训师不要做超过自己能力范畴的虚假承诺，对于不能兑现的客户需求要如实告知对方。培训师不是万能的，不可能通过培训解决客户方任意提出的所有问题。对于学员提出的培训师自己不懂的问题或超出本次课程范畴的内容，培训师最好不做评论，但可以尽可能地提供自己所知道的解决路径或渠道，这才是真正的对客户负责。

职业化和敬业度会给培训师不断地带来课量增长的机会。

第二节 培训师职业化的注意事项

培训师想做好职业化并不容易，要注意一下这些事项，如图5-2所示。

一、着装符合职业形象

如今的企培行业，对培训师的言行举止等外在形象，提出了比较高的标准和期望。培训师需要具备一个良好的专业形象，才能体现出自身的修养。用一套大方得体的着装增强外在，可以帮助培训师更快进入角色，营造专业感，提升讲课时的自信心。培训师职业照要有半身、全身照各两张以上，准备好春夏秋冬四种类型，这样可以让机构方和客户方用在不同的季节和场景下宣传。

有些培训机构在培训前，也会给培训师发送本次培训的规范着装要求，基本都是要求庄重大方、简单整洁，而一些重要的课程或者录制课程视频时，会有更细致具体的要求和提醒。当然讲授的课程类型不同，着装要求也是不同的，培训师实际授课时的着装要符合所讲的课程类型，符合本身作为师者的专业感和职业化标签。

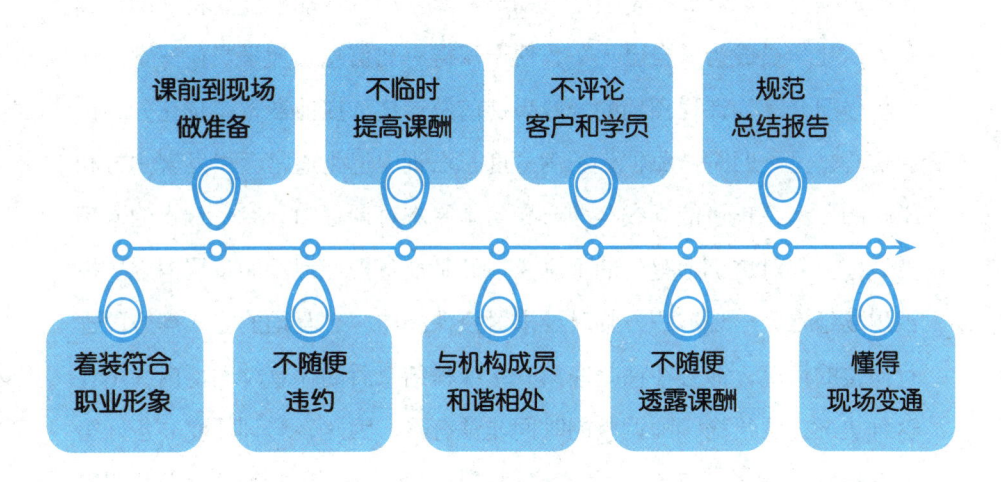

图 5-2 培训师职业化的九个注意事项

二、课前到现场做准备

第一，培训师一定要在课程的前一天做好准备工作，一方面提前到培训会场查看情况并测试设备，对于现场有提前的感知；另一方面与机构或渠道再次确认第二天课程的客户名称、学员情况和课程的主题等，这样对于第二天的授课效果有更好的把控。曾经有一位行业内朋友向我分享，一位课量非常满的培训师，在一次课程的刚开始就出现搞错客户名称和授课课件的尴尬情形，由此可见培训师需要提前做好确认和准备。

第二，讲授课程当天需要提前到达培训现场，确保不迟到，特别是开课第一天上午，要至少提前30分钟到达培训现场。一是做好课前准备工作，避免客户方领导和学员都到位后，才在大家的注视下慌忙地调试设备和做课程准备工作。二是主动接触客户方领导，与之交流对于此次培训的期望，了解学员现状和课程中需要注意的环节。三是关注学员状态，提前到会场等待学员，主动与学员互动，这能够建立良好的自我印象，让学员成为"自己人"，便于获得有利信息，使学员在课堂上愿意积极配合，为课程预期的好效果提前做铺垫。提前准备得越充分，讲课信心越足。四是避免扩大不满意度，培训中迟到通常会引发客户方和学员的不满，也可能导致客户方和学员原本对课程内容有一点点的不满意，扩大到对培训师整体的不满意。五是准备授课现场的备用内容。授课现场经常会出现客户方临时要求对授课的内容、互动的方式等方面进行调整的情况，而且往往是在第一堂课程结束后的休息时间提出，出现这种状况，留给培训师调整的时间非常有限，因此，培训师要准备好第二套授课方案或者部分备用的授课素材，便于积极配合客户方的调整要求。

三、不随便违约

机构方、渠道方和客户与培训师约定了时间，但到了即将开课的时候，培训师确实有事需要更改时间，机构方和客户方一般都会理解并尽力调整。如果是在面对多个客户、机构约课的时候，因为后约的机构、客户给的课酬更高；或后约的机构、客户重要性高，可能带来的总课量更多；或先约的课程是单天，后约的课程是连续多天等各种情况，培训师找理由推脱导致违约，表面看获得了更高的课酬和可能更多的课量，但一旦被机构知道是培训师又答应了更"重要"的约课，就会大大影响培训师的声誉。

我们说培训行业很大，但是圈子又很小，随便毁约的培训师很快就会被一些行业内的机构知道，并传达给客户方，那么接下来哪个机构和客户还敢与这样的培训师合作呢？遇到多家机构或客户先后约课的情况，培训师最好先如实告知并尝试沟通协调，一旦无法更改，就按照谁先约课、谁优先合作的原则，不用考虑后约的机构和客户会带来多大课量、给多高的课酬、有多高的重要性等因素，否则不信守承诺，何以为师。

四、不临时提高课酬

个别培训师会在开课前突然提及自己目前的课酬比约课时高了多少，要求培训机构涨课酬，甚至要求在课前支付，威胁培训机构不支付就离开。对于个别培训师的这种要求，在客户和学员都已经到现场的情况下，培训机构往往只能答应。

这种情况可能是双方在约课过程中没有很明确课酬导致的，培训机构也负有一定责任。但是如果课前双方没有明确过课酬，培训机构这次就可以不给培训师涨课酬。当然也有一些不靠谱的培训机构明明知道培训师课酬涨了，但是不愿意提高课酬就表面装糊涂。遇到这种情况，培训师通过一次合作就了解到一家培训机构是否靠谱，也是一件好事。

如果培训师讲课效果好，培训机构之后再合作，培训师就可以掌握合作主动权，提前告知对方因市场原因调整课酬，这样就不会给培训机构留下××培训师课前临时涨课酬的话柄。

五、与机构成员和谐相处

项目期间培训师一定要与培训机构的负责人、营销人员、助理等处好关系。特别是长期的培训项目，难免有沟通不顺畅的事情发生，如果性格方面不是很相投，则要避免项目执行时互相掣肘，两败俱伤，影响培训项目的顺利进行，进而影响培训师课酬的结算。培训师的核心思想应该是与培训机构互敬互助，这样才会多赢。

个别培训师采取的处理方式就弊大于利：第一次遇到观点不统一的情况，按照机构方的要求和想法让步了，但下次遇到观点不一致时，就不管建议是否正确，固执地让机构做出让步，像"比赛"似的，必须扳回来一次。这样就很容易在项目上出现不和谐，不仅之后双方很难再合作，甚至这次项目都有可能出现培训师被换的情况，严重时会影响机构与客户的项目推动和结项，更会影响到培训师课酬的结算。因为个人对培训机构的"高高在上"与"不服气"，造成两败俱伤的局面，是很不值得的事情。

六、不评论客户和学员

对于培训课程之外的任何事情，特别是一些岗位轮岗、员工升职等方面的事情，培训师不应该过多评论。有些客户方领导喜欢征求上课的培训师的建议，问问某学员的人品、发展潜力等方面的情况，此类问题不建议培训师过多回答。一般的培训课程短则一两天，长也就是几个月的时间，培训师与学员相处时间并不长，很难全面了解哪一位学员，因此，对于学员的评价不具备全面性和严谨性。更主要的是，培训师短期内很难了解企业方的一些人员安排及管理层之间的微妙关系，所以应该避免因发表某些评论而得罪客户和学员的情况。培训师一定要以专注讲好课程，不参与敏感事项为原则。

七、不随便透露课酬

有时候客户方或者学员问及课酬，有的培训师为了凸显自己的价值会直接告知，这会导致机构方比较尴尬，毕竟机构方是在培训师课酬的基础上赚取额外收益，有些成本是其他人看不到的，最后会让客户方感觉机构仿佛赚了很多钱。大型培训项目中经常出现多位培训师共同完成一次培训的情况，互相问课酬也是非常忌讳的，可能会导致大家把精力用在课酬的攀比上，也会给机构造成不必要的沟通成本。如果事后培训师之间问及课酬，培训师最好对已经执行过的项目保密，可以只说自己的通用标准课酬。

八、规范总结报告

提交的相关总结报告等文件，不要有明显的语句错误或太多错别字。可能很多朋友会说，这不应该是培训师最基础的职业化要求吗？但是我和行业内的朋友们恰恰遇到过不少这方面的事情。企培行业的快速发展，带来了培训师这个职业的快速发展，企培人们共同享受到了这个行业带来的红利，所以我们企培人，更要共同维护好这个让人尊敬的行业，提高自己的职业化水平。《论语·学而》中曾子说过："吾日三省吾身。"培训师也应该对自己的职业生涯时刻复盘，发现自己的不足并去改进，这样才能做得更长久。

九、懂得现场变通

培训机构的培训要求与客户方现场的临时想法不一致，需要调整时，应该怎样做？行业内有时会遇到这种情况，就是培训机构跟客户方负责培训的人员进行课题要求确认后，传达给培训师，培训师按照规划的内容进行讲授，但当客户方领导现场听课时，产生其他想法，希望培训师按照他的想法进行调整。遇到这种情况，个别培训师会采取极端做法，导致多方都很尴尬。

一种是跟客户方领导说："不是你们提前约定好的内容吗？现在让我改可来不及了，你们内部为什么不提前达成统一？要么按照原先的内容讲，要么你们另外请其他培训师吧。"

另一种是当着客户的面说："培训机构安排我这么讲的，如果不按照他们的要求讲，是会影响培训效果的，到时候我可不负责，而且你们得让培训机构给我结算课酬。"

以上两种情况在现场都会导致客户和培训机构"下不来台"。这不能说培训师"太直率"，其实培训师缺少针对课程及时调整的变通能力，没有明确好自己的角色认知，也不是职业化的表现。很多培训师授课时会把"以客户为中心"的理念传达给学员，培训师自己更是需要有"以课为中心"的职业思维。以上两种情况显然是忘记了这个理念。在现场当着客户方领导的面，培训师可以先承诺按照客户方领导的要求进行调整，并且接下来讲课时做下简单的衔接，先应对接下来一节课的时间。领导往往不会全程听课，之后的课间有充足时间，培训师可以跟培训负责人和培训机构方再次确认一下调整的方向，再做相应的改动。即使领导接下来全程听课，当培训师与客户方的培训负责人沟通完后，客户方的培训负责人也会就培训背景和目标、培训的思路想法及全面调整的难度等，向领导汇报沟通，相信会达成多方都能满意的局面。

第三节　新晋职业培训师的发展之路

随着培训市场对于培训师的需求与日俱增，越来越多的人想转型成为职业培训师。新晋的培训师需要思考，为什么要选择这个职业？发展的方向是什么？目前遇到的困惑都有哪些？未来的机遇有哪些？想要达到的阶段性目标是什么？最终想实现什么样的目标？

课堂上的培训师看似很轻松，实际通过讲课赚取课酬的背后，培训师所付出的辛苦是很多的。万事开头难，新晋职业培训师不会一帆风顺，必然要经历漫长的、被行业持续锤炼的过程。培训师不仅仅要不断地根据机构方和客户方的要求多次修改大纲、完善课件，还要在培训现场面对学员的挑战、客户方的审视等。

转型成为职业培训师，需要面临各种转型到新领域的情况，会产生难以适应这种情况所带来的压力。职业培训师不像内训师，他的成长发展是一个厚积薄发、不断精进，以及专业知识和行业经验不断丰富的过程。虽然转型到职业培训师是有风险的，但既然选择了职业培训师这条道路，我们就要全力做好，坚持不断地学习和沉淀，在企培行业内一开始就要建立专业上的稳固声誉，才有可能成为一名优秀的职业培训师。培训师还需要与培训机构一起维护行业的声誉，让终端客户对培训师和培训机构提供的培训效果更有信心，更加尊重企培行业。

新晋职业培训师往往不知道从何做起，不知道如何快速适应自由职业者这个身份，也不知道如何在尽量短的时间内实现从普通做到优秀，并最终成为一名卓越的职业培训师。

接下来我们就分享13个相关思路，让新晋培训师能减少入行迷茫，不至于转型时半途而废，让新晋培训师能快速适应市场，快速成为有一定课量的职业培训师，如图5-3所示。

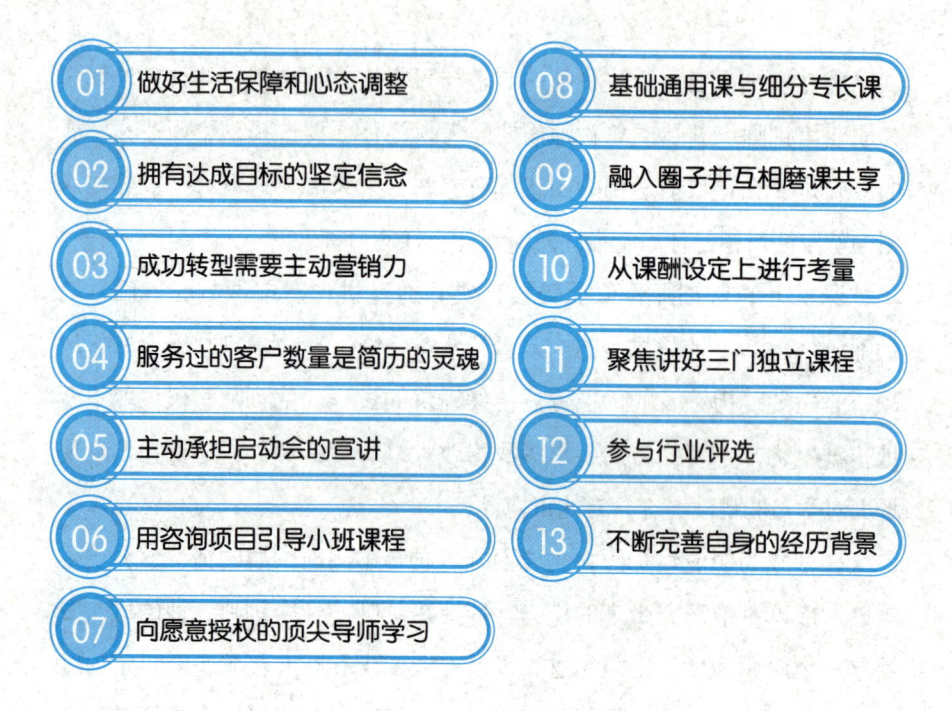

01 做好生活保障和心态调整	08 基础通用课与细分专长课
02 拥有达成目标的坚定信念	09 融入圈子并互相磨课共享
03 成功转型需要主动营销力	10 从课酬设定上进行考量
04 服务过的客户数量是简历的灵魂	11 聚焦讲好三门独立课程
05 主动承担启动会的宣讲	12 参与行业评选
06 用咨询项目引导小班课程	13 不断完善自身的经历背景
07 向愿意授权的顶尖导师学习	

图5-3 新晋职业培训师发展的13个思路

一、做好生活保障和心态调整

拥有良好的心态和懂得自我激励，是职业培训师的必备素质。特别是新晋培训师，一定要做好充足的心理准备，一开始接不到课程合作时不要过度焦虑，即便是企业内训师转型为职业培训师，在第一年知名度不够、合作机构不多、课量有限、课酬不多的情况下，能保障家庭日常开销即可。在入行的前三年，职业培训师往往没有之前在企业中做内训师的收入多，且课酬收入还非常不稳定，这时要能坚持住，在某个阶段没有课程讲授时，可以静下心来研发课程和拓展机构。

关注自身工作状态的调整。做内训师时，每天工作都有充实的感觉，有团队氛围，甚至有受人尊敬的高层身份。而转型后是自由工作状态，这导致很多培训师缺少归属感，在长时间没有课程的情况下，会显得更焦虑，甚至因为不自信而中途放弃。

新晋培训师讲课的前两年，课酬收入会很不稳定，需要改变过于关注课酬高低和急于赚钱的心态，学会争取一些小的机会多多展示自己，多获得信任背书。一位成熟的职业培训师都需要经过近五年的磨炼历程，这期间很多有潜力的新晋培训师都没有撑过去，走过"独木桥"的都是"凤毛麟角"。

二、拥有达成目标的坚定信念

在转型成为职业培训师的过程中，首先要热爱这个行业，对于自己未来在这个行业的发展充满信心，这个行业是优胜劣汰的，对优质的培训师和内容需求越来越旺盛，只要课程内容好，授课技巧好，口碑培养好，肯定会赢得属于自己的增课机会。

另外一定要给自己设定一个可衡量且可实现的阶段目标，并具备坚持按照目标努力去做的稳定心态。如果经常信念不坚定，陷入患得患失的纠结中，就难以成功了。比如，一位企业内训师总是犹豫出不出来做全职，出来做了一段时间全职后没有课量，又回到企业上班，当再次发现外面有课程需求时，又想出去接课，却没有办法请假，又不想再次辞职做全职，担心辞职以后没有课量，到时候又得回到企业上班。

还有一种情形是咨询顾问转型大课培训师的例子。我所在的银行培训领域，有一种辅导老师需要在网点的现场一对一辅导学员，辅导项目往往安排在周一到周五，在银行方学员的上班过程中辅导，剩下的需要在周末时间才能讲大课。因为现场辅导课酬低，而大课课酬相对更高，很多辅导老师便想转型为大课培训师，但是如果在工作日安排一天大课的话，其他空余时间也没法再接辅导项目，这样就损失了四天的辅导收入，总的课酬收入就会减少，从而只能舍弃大课机会，回归到辅导项目。这样一折腾可能很长时间内就失去了讲大课的机会，这往往成为很多辅导老师转型为大课培训师不成功的原因。其实根本原因还是信念不坚定，所以当你确定自身有能力成为职业培训师、大课培训师的时候，一定要全力把握机会，有舍才有得。

三、成功转型需要主动营销力

如果你计划转型成为职业培训师，就要知道这条路有可能面对的难题。职业培训师不仅仅需要不断提升在目标课题领域的学习力，还需要有突破陌生领域的勇气，更需要的是向机构推广课程的主动营销能力。培训师同样也是以机构和客户需求为中心的课程营销师。

新晋培训师被行业认可需要一个很长的过程。新晋培训师进入企培行业，需要与现有的培训师竞争课程合作的机会。是否迈出了转型职业培训师的第一步的衡量标准是，是否放下了作为培训师自认为师者即权威的面子，职业培训师不能被动等待课程需求来找自己，而是要主动向各个机构推广自己的课程。可以选择适合自己的短视频平台，让更多的机构、客户和学员看到自己，进而通过IP打造价值，获得更大的增课机会。培训师主动宣传推广自己的课程才是王道，否则课程讲得再好，也仅仅是自己知道，而得到行业的认可并获得课量才是关键。

四、服务过的客户数量是简历的灵魂

新晋培训师所服务过的客户的数量往往较小，此时可以尝试小范围邀请朋友来听课，或者可以先多在朋友的公司内部试讲。从宣传推广自己的角度上，有些试讲可以是义务性质的，时长可以是半天或者一

天，用这种方式增加自己的客户量。这样一来，既积累了服务过的客户数量，也测试了课程的结构和内容，获得了朋友对于课程的反馈改进建议，又锻炼了自己讲课的能力。

新晋培训师在两三年内如果没有很多讲课的机会，介绍中就没有呈现出可观的自己服务过的客户数量，未来就会越来越难有机会。因为，在这种情况下，不管机构还是客户都会想，作为职业培训师，两三年了，怎么才服务这么几个客户，肯定是培训师水平不行。

当然新晋培训师也不要为了服务更多客户和迫于生存压力，什么课程都接，不要轻易为了课量去尝试自己没有把握的课程，这样做风险很大。倘若第一次给机构或客户留下了不好的印象，以后就再难被机构和客户接受了。一位优秀的培训师，一旦接下一个课程，一定需要抽出时间与机构沟通，对接详细需求，并且深度地、多方面地对客户方进行调研，通过调研才能清楚地知道客户的痛点是什么，需要通过培训解决的问题是什么，课程必须达成的目标是什么。只有明确了具体的培训目标，培训师才能知道还需要做哪些准备才能取到良好的培训效果。在如今的企培行业内，培训师结合学员情况进行调研，从而实现咨询式培训、定制化培训、辅导式培训等多种模式，才能符合市场采购需求趋势，才能越发受欢迎。

在培训结束后，往往时间也很充裕，本着能长期与客户合作的理念，新晋培训师可以复盘自己哪些方面可以改进，可以提供一段时间内督导学员成果转化、工作问题答疑等方式的增值服务，这样才可能有客户因为项目成功、效果满意转而推荐你认识新的机构和客户。所以新晋培训师要用心对待刚出道时的每一次合作机会，哪怕课酬低一些，能够获得一个新的合作机构的一份培训项目成功的证明，才能让机构和客户感受到你的认真和合作价值。

在每次课程没有结束、没有确定评价如何的情况下，新晋培训师要特别注意不要大力宣传，否则后期一旦讲不好，机构知道后会在一定的圈子内传播，这样培训师一两年内就很难再有机会合作了。对于新晋培训师，行业内各个圈子都会主动互相了解其授课的情况，所以新晋培训师要用心讲好每一次课，不断积累自己服务客户的数量，重点打造成功的培训项目，积累自己的行业声誉。

五、主动承担启动会的宣讲

新晋培训师往往很少讲大课，也就缺少锻炼的机会，所以要多争取类似项目的启动宣讲和后期总结等活动，没有机会创造机会也要讲，要敢于分享，敢于尝试，向行业证明自己有能力胜任这个培训项目。这样不仅可以锻炼自己在真正面对学员时的控场能力，还可以积攒上大课的素材。不过切记，新晋培训师临时接到的约课任务；或者之前的培训师授课效果不理想，被客户临时叫停需要救场的课程；或者没有认真备课，准备不充分的课程，一定不要接，这样的课程很可能效果不理想，会砸了自己前期树立的招牌。

六、用咨询项目引导小班课程

这种课程比单独的启动会更高一层，虽然一些小班没办法像正式的大课那样全面体现培训师的能力，但是新晋培训师可以通过这种小班或者半天课的形式，梳理自己的课程体系。很多培训师的课程本来只能讲3小时，经过不断讲授锻炼，很容易就开发出一天的课程，而至少一天的课程才能被企培行业称为职业课。培训师在讲授过程中要记得留存能看出是大课的照片，以及10分钟左右的多个角度的授课视频片段，便于向各类机构传播展示，令其了解，也便于在推广中让客户方更好地体验培训师的课程。不过要注意视频片段的效果，避免留存的是随意的视频片段，造成适得其反的负面效果。

由咨询顾问转型的培训师，则需要去掉服务的客户的项目化标签，部分项目只要突出服务的客户名称就可以，这样总体服务客户的数量会显得更多。有些客户的具体服务时间，可以不用在介绍中特别呈现，但是新晋培训师自己需要留存详细情况，便于机构更进一步了解。

七、向愿意授权的顶尖导师学习

职业培训师的成长不是一蹴而就的，相较其他职业，培训师是需要本身持续正向沉淀功力的职业。学习永无止境，培训师除了终身学习的积累外，还要扩大思维范围。培训师在课量暂时不足的情况下，可以沉下心来寻找导师指路，加快沉淀知识、进一步讲好课程的速度。

导师很重要，一位人品好、专业能力顶尖的导师，会真正帮你规划课程方向，快速扩大知识面，提高讲课能力，分析所在培训领域的课量潜力。导师还可以帮你规避他曾经走过的"弯路"，为你铺设一条更为顺畅的路，使你获得更快的进步和提升，加快成为优秀培训师的步伐。

新入行不久的职业培训师，要高度重视对于自己专业的提升，要舍得在各个阶段花钱投资自己的专业能力，这样才能实现未来课量和课酬的增长。每一个培训课程和项目都有一定的生命周期，所以培训师需要与时俱进，不断积累、更新、迭代自己的课程体系，促进自己快速地成长与发展。

拜师方面，要选择你所在领域有名的导师，导师的培训风格要与你相似，课程主题要能带来很大补充帮助，相关课题要有足够的课量保障，导师在专项领域中要足够卓越。新晋培训师要学习导师的授课技巧、授课风格、内容呈现方式、最前沿的课程内容和认证的版权课程等。

向导师学习时，要思考导师面对同样的一门课程和内容是如何讲授的。如果是你会如何讲出自己的特色和优势，如何把课程设计得更有深度，课程演绎得更精彩。特别是在自己的课程体系和授课风格没有固定之前，这样的思考更加适用。

前期可以模仿借鉴优秀导师，但之后要学会融会贯通，内化成培训师自己的课程品牌风格，创新出自己的课程体系。否则一味地模仿他人，失去属于自己的理论和课程体系，没有沉淀出自己的精品课题，就永远不会成为一位名师！

新晋培训师要与授权的导师主动约定并接受一些合作模式，比如根据自己获得课酬的比率，支付给导师一定的学习费用，对于复制导师的课程和跟导师学习授课经验的行为，可以一次性支付学习报酬。也可以根据自身的财务状况，选择在一定的时期聘请导师进行长期指导，按照一定的课酬比例计提给导师作为学习费用。根据新晋培训师的能力、导师的行业地位等因素，行业内通用的学习费用标准大概在每天课酬的5%~20%。

倘若没有投入大量的精力去主动向顶尖导师学习，新晋培训师就没有足够多的新内容输入，也就没有优质内容的持续输出，不能与时俱进。新晋培训师也要拜对导师，才能获得企培行业内的师承关系的背书，减少自身在职业培训师这条路上独自摸索的困难。

好的导师不仅会把自己成熟的版权课程授权给新晋培训师讲授，还会辅导、打磨、优化新晋培训师自己的课程，对于某些关系很好的机构和客户安排的一些大课，导师不仅会允许新晋培训师现场听课学习，还会主动让新晋培训师帮忙讲部分课程内容，这样新晋培训师能更快做到独立讲课，更重要的是还可以增加服务客户的数量。

最后，导师还会向新晋培训师介绍多年来已经建立起良好合作关系的机构，有了导师的信任背书，新晋培训师更容易与这些机构达成初步合作，从而解决课量不足的问题，这也是很多新晋培训师拜师行业导师，成为其弟子的重要原因之一。

综上所述，向导师学习的好处可以总结为以下几点，如图5-4所示。

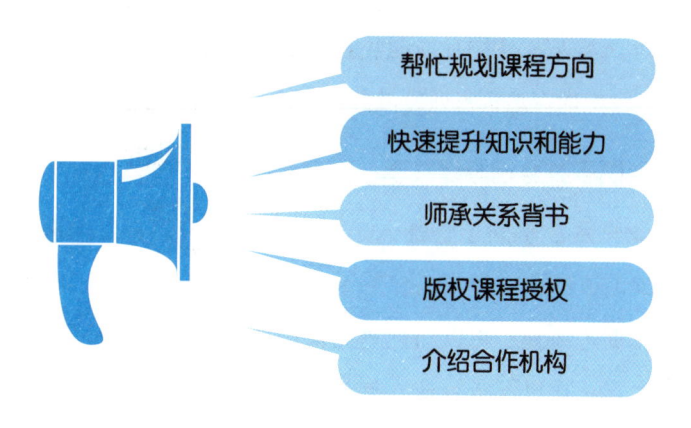

图5-4　向导师学习的五点好处

当然，选择导师也代表了在同类课题上"站队"，选择跟一位导师学习，也意味着失去了向其他优秀导师学习并获得课量的机会，所以新晋培训师选择导师时一定要多方面考量！

八、基础通用课与细分专长课

新晋培训师如果不清楚自己要讲什么内容，可以讲一些门槛不高、没有太大压力的通用课程，比如生涯规划、阳光心态、时间管理、压力管理、执行力、客户开发、团队建设、商务礼仪、演讲技巧、投诉处理、人力资源等，也可以给一线或者新员工讲课。

并不是说这类通用课程简单，而是这类课程可以讲授的角度很多，而学员层面往往要求不高，便于新晋培训师更好地发挥，并且如果把这些课程讲好，努力做到这些课题的顶尖，市场需求也会很高。

另外，培训师也可以根据自身的擅长领域、兴趣和从业经验，深挖擅长课程的内容的深度和广度，找到自己的专长课题，然后从业务角度结合市场的课量需求，聚焦于一个细分专题，开发一些契合某个领域相关岗位能力提升的课程，慢慢成为一个领域的优秀培训师。有一些机构和客户会针对这类课题寻找有授课经验的培训师，只有找到自己讲课的区隔性，才能更好地在培训行业发展起来。

九、融入圈子并互相磨课共享

培训行业特别注重圈子，加入志同道合、有一定声誉的圈子很重要，可以借助圈子的优质资源，在圈子内磨课；可以观摩其他培训师如何讲课，互相促进练课；可以与优秀的培训师对标，发现优秀培训师的授课特点并学习；可以深入行业，参与一些优秀培训师的课程研发。在圈子内，新晋培训师要多找一些机会主动分享，通过输出倒逼输入，增强对专业知识的理解和内化，更增加对行业优秀培训师们关于行业经验积累和排课心得的了解。更主要的是，培训师在圈子内能更好地扩大自己的个人品牌名声，拓展各类排课渠道，让潜在的合作机构和客户认识自己，体现自己愿意融入行业的合作精神。

孔子曰："三人行，必有我师焉。"培训师是一个终身学习的职业，多一位互相信任的同行很重要。每位培训师都有强项和弱项，也都有知识和视野盲区，分享是培训师提升授课水平的最好方法。职业培训师如果对志同道合的同行朋友，不喜欢主动分享，不喜欢主动向其学习，不愿意助力同行，就是选错了职业。新晋培训师更要多参加一些适合自己专题领域的、知名导师或培训机构组织的磨课沙龙、培训师沙龙、培训师读书会、培训师俱乐部、培训师联盟、培训行业协会、课题研讨会、课程研究中心、培训师训练班等活动或平台，利用一定范围的机构获得更多课量，或通过互相学习与分享探讨变得更优秀。这样也有机会获得优秀培训师的点评和指导，丰富优化自身的课程，拓展自己在讲授课程以外的知识面，不断借鉴反思。在有较多机构参与的场合下，即使花一些费用也是非常值得的。当然也绝对不能盲目追求曝光度，而忽略了自身课程的不断精进！

培训师圈子内的磨课分享会，会让培训师成长得更快。磨课是个能接触更优秀的培训师的机会，一方面，可以找到行业专家级的标杆，汲取优秀标杆培训师的优点，站在行业优秀培训师或者大咖的肩膀上，从一个更高的起点加速成长；另外一方面，可以发现同行课程中供给自己借鉴的地方，博采众长，针对自己有提升空间的那些方面，不断夯实和优化自己的课程体系，丰富自己课程体系范畴以外的整体知识结构的广度和厚度，避免与时代最新的知识脱节。磨课还可以帮助培训师完善优化自己的课程高度，让自己在专业上更加优秀，培训呈现变得更加精彩。磨课中要注意避免侵犯其他培训师的知识版权。

参与磨课的人员往往是培训师同行，增加彼此之间的熟悉度后，可以链接各类机构方和客户方等资源，获得最好的实战机会，更是拓展潜在合作渠道、收获人脉、互相推荐课程的机会。经常有关系不错的培训师互相推荐，一起参与多课题的轮训，或者参与大型的需要多组培训师同步执行的咨询和辅导类培训项目。不缺课量的培训师也可以在培训淡季多参与一些类似的活动。

十、从课酬设定上进行考量

新晋培训师的课酬可以按照行业内5年左右同类课题讲授经验的培训师的课酬的80%左右进行设定，或者比机构方心理课酬的标准低

10%～20%为宜。设定的课酬与成熟的培训师没有拉开空间的话，机构等渠道不会愿意冒着风险与新晋培训师合作。而课酬过低的话，机构等渠道会觉得培训师要么不懂行情，要么就是真正的水平不行，想以低课酬换取课量，也不敢与其合作。培训师也可以在第一次合作时对几个自认为重要的渠道免费，或者截止到什么时间可以提供一次免费合作机会，或者合作两天只收一天课酬等，用这种方式吸引渠道与自己合作。培训师只要突破开头这一步，就能加速走上职业培训师的道路。

内训师或者企业高管，对收入都有一定的要求，特别是一些高管曾经就是采购培训课程的甲方，后来转型为职业培训师，对于课酬期待往往过高，如果感觉客户方给出的培训费比自己期待的课酬低一些，或者认为参与竞争的培训师没有自己水平高，就会报相对更高的课酬。这种情况就说明这些刚转型的培训师不清楚培训机构的课酬报价结构，其实培训费中往往包含培训机构的日常运营成本、营销提成，以及项目执行过程中助理的交通费、资料费等。行业内的培训机构往往希望每次培训的净利润率在30%左右，也就是说参照培训机构报给终端客户的报价，培训师的课酬占总报价大概50%左右是合理的。通过这样的方式，培训师也能很好地设定自己的课酬标准。

十一、聚焦讲好三门独立课程

《孟子·离娄下》中说："人有不为也，而后可以有为。"一部分行业内朋友认为新晋培训师刚开始可以什么课程都讲，什么领域的课题都涉及，后期再专注一个领域。我对这种课程类型多、邀约范围广的逻辑是不认同的，反而认为讲得比较杂，会让机构和客户不知道你到底擅长什么。而且新晋培训师最好聚焦中低端的课程，因为很少有机构和客户会相信，新转型的职业培训师能讲很多门课程，还能给高端客户讲好。除非培训师自己原来就担任过很高的职位，否则给高级别的学员讲课时会不自信，容易受到挑战。更主要的是，培训师要找准授课领域的定位，主讲不超过三门互相独立的课程，让机构方和客户方更容易聚焦推广，也更容易让客户方需求能匹配上自己的课程内容和授课风格，从而成为客户的首选目标。

十二、参与行业评选

培训师在准备充分的情况下，主动参与一些行业内举办的培训师大赛，可以在一定范围内提升曝光度和知名度，同时也可以提升专业形象，收获同行对于自己课程的改进建议，与同行之间互相分享最新的教材资料，从而不断打磨自己的课程，使其成为精品。

培训行业内的奖项大致分为两类，如图5-5所示。

01 培训行业公开评选

大型企业内部评选 02

图 5-5　培训行业的两类赛事评选

一类是培训行业公开评选：培训师可以通过参加行业内的课程评选树立良好的口碑，借势增强传播力。比如全国或地方培训协会，或者人力资源类和培训师类论坛等举办的行业性的、知名度高的、含金量高的评选活动，培训师可以积极参与。一些行业认可度不高的、很小众的，甚至还需要支付一定费用的，培训师可以根据自身需求来衡量是否有必要参与。

另一类是大型企业内部评选：特别是银行行业，移动通信行业的一些大型企业，一旦一个好的项目在总部获奖，其下属分公司或者分行如果想做类似培训，就会通过内部共享渠道和师资平台主动联络该项目的培训师。

最终参与评选的奖项就可以给培训师做背书，哪怕这个获奖项目所在的企业后续没有类似项目的需求，但是培训师讲授的课题，往往可以涉及其他行业领域，很多领域的课题都是相通的。这种含金量和背书也是非常强的，其他客户方采购时可以直接对标，能被这类优秀企业评选为优秀项目，授课效果肯定是被验证过的。

一位培训师的课题获得了最佳学习项目等类似荣誉，就能说明这位培训师的授课水平和专业水平获得了行业和企业的高度认可，期待与这位培训师合作的培训机构和客户方都会充满信心，从而加速合作的进程。

十三、不断完善自身的经历背景

新晋培训师刚开始的时候，为了推广自己，难免会有些过度的包装，比如有些服务过的客户的信息不一定完全真实，以前任职的职位不一定那么高。行业内存在不少夫妻两人都是培训师，但是简历背景和服务客户雷同的情况，有的从客户服务的时间来看明显不在同一个项目，或者根本没有共同服务过同一个客户，却互相用对方服务过的客户来背书，这种情况被行业内的朋友识别出来就会相对比较尴尬。随着培训师讲课效果越来越好，返聘的越来越多，名声传播越来越广，就形成了课程品牌，这时也就不太需要一些比较夸大的背景来过度包装了，依赖虚假的包装注定是无法走得长远的。培训师想要走得长远，终究需要靠实力和口碑，因此要尽快完善自身的背景介绍。行业内的课程采购越来越规范，审核越来越严格，如果培训师的背景虚假，一旦被客户方、机构方及同行知晓，会给自己带来不必要的隐患和麻烦，影响自身花时间建立起来的行业口碑。

我认识的一位培训师分享过他的经历。他以前做企业内训师的时候经常利用一些周末或者假期，给一些企业做分享，反馈不错，而且被一些导师给予了不错的评价，授课功底也是比较扎实的。于是他毅然决然地转型成为职业培训师，但相对于行业内成熟的职业培训师，他缺少服务客户的案例和展示的机会，很少有机构愿意与其合作，导致一段时间他都没有课量。

正好遇到一个机构，因为预算低，找行业内成熟的培训师很难找到，就找到了他。沟通了解后，他主动在机构内部展示了一段自己的授课视频，机构总体觉得他的性价比很高，就尝试合作下。第一期课程结束后，客户对他的评价很好，正好有预算，就针对这个层面的全体员工进行了16期的轮训。

与他合作的培训机构内的其他同事，也了解到他的授课效果不错，因此他获得了机构的认可。又因为他的短期课酬性价比非常高，给这家机构带来的利润相对较高，培训机构就与他签订了长期合作合同，约定了双方的合作原则。于是合作机构内全体同事放心地在自己的区域客户中大力推广他的课程，使他很快就成为有一定课量基础的培训师。

加上轮训经历的背书，他很快被某个圈子内的其他机构了解到，也就有了持续地被机构约课的机会，出道短短一年时间，就转型成功。

这个案例说明，一位有能力的新晋培训师缺少的往往是一些敢于与其合作的培训机构，要让机构敢于与作为新晋培训师的自己合作，就要有一定的利润给到机构，让机构愿意去冒初次合作的风险，还要很有诚意地在培训机构内部展示自己的课程，让机构更了解自己，进而敢于尝试为自己排课等。

某位辅导咨询型的培训师朋友也分享了他自己的案例，说这几年转型不是很成功。这位培训师朋友，多年来一直想转型成为大课老师，因为在行业中集中大课往往比辅导课酬单价高出3倍以上。

辅导类项目一个周期通常是5个工作日，且通常是多个周期连续。这位培训师因为刚具备讲大课的能力，讲授大课的知名度还不是很高，所以他的标签还是定位在辅导咨询型培训师上。大课排课量一周可能有一两天，一个月有五六天算是多的，因此刚能胜任大课讲授的培训师，想得到大部分机构的认可需要一个长期的过程。

而且与辅导排课对比，大课不是很稳定，这个阶段内朋友的总体课酬收入往往是大课的2倍左右，所以他一直不舍得放弃课量稳固的辅导咨询类项目。大课的课程时间往往在工作日，即使安排在周末，也常常因行程原因赶不上，于是他不断错过讲授大课的机会，所以一直没有成功转型。这就是他多年纠结苦恼的地方。

同样有一位辅导咨询型培训师，跟他出道时间差不多，年龄差不多，也是35岁以上（行业认可的大课培训师年龄往往在35岁以上，这样才会被认为有比较丰富的阅历，才能让学员信服），专业能力与我那位朋友差不多。这位培训师获得了一个培训项目的授课机会，需要每个周期讲1天大课，再做5天辅导项目。这样连续多期下来，这位培训师讲大课的水平逐渐提高了。之后机构再次请这位培训师讲大课，大课中间空出的时间，他要么在当地等待着下一个项目开始，要么暂时参加其他培训项目，要么回家，但选择哪项都会产生一定的成本。基于这种现状，这个机构就与这位培训师一起尝试转换为大课的培训师，先降低客户的期望值，并且没有收取高于辅导类课程3倍左右的课酬，而是只收稍微高一点儿的课酬,最后合力尝试成功。

这位培训师在这个项目的过程中宣讲了自己大课的内容,把自己塑造成一位大课培训师,继而被行业重新定位,成功转型。

上述案例说明,一位辅导咨询培训师转型大课培训师的成功,需要天时地利人和,也就是行业内说的,辅导咨询培训师需要保证大课的基础效果,还要主动引导机构给自己推广"大课+辅导"的项目。只有这样,培训师才有可能遇到敢于与之一起尝试挑战新项目形式的合作机构,才有可能碰上有潜在需求的机构设计出符合自身情况的项目,才能充分发挥出自己的优势,使得自己的档期正好满足培训项目的要求。为了转型成功,培训师要学会短期内舍弃一定的稳固报酬。

第四节　找准定位才能获得广阔课量

企培行业很大,从事培训师职业的人数众多,竞争压力也不断增大。针对某一个行业的某类客户,或者给某一个层面的学员讲授的课程都有上万,甚至几万名的职业培训师在竞争。艾·里斯、杰克·特劳特著的《定位》一书中阐述了"定位"的观念,给出了如何进入用户心智以赢得用户选择的差异化定位之道。企培行业的培训师同样需要避免讲授课题的同质化,需要站在客户、机构采购培训课程的流程的角度,去精准满足课程需求。培训师找准自己的优势定位,做到有的放矢,对在行业内占据一席之地、成为机构和客户的优先选择来说至关重要。

即使未来AI辅助培训师向客户做推荐，或者根据客户课程需求进行精准匹配，我们培训师也需要有明显的标签，否则在大量讲授同类课题的培训师中，你可能并不会被优先推荐来针对性地匹配客户方的需求。

培训师如何找准自己的定位呢？越清晰的优势定位越能发挥出自身的价值。培训师需要在有好的授课内容、好的讲授技巧，有足够兴趣持续打磨自己的课程，能保障课程效果的前提下，确定自己课程的开发方向。培训师将自己擅长的某个课程贴上标签，准确定位，清晰地传递给机构和客户，并让其容易记住，而不仅仅是记住培训师的名字，这样在需求出现时，才能脱颖而出。当机构和客户出现采购需求时，在众多认识的培训师中，如果优先想到你讲过他们需要的课题，就说明你的课程的辨识度真正建立起来了。培训师就需要进行这样专门的课程标签差异化设计，并结合精准定位来宣传推广。

培训师可以站在客户方和学员的角度思考，自己能胜任什么样的课程？能服务好哪个层面的学员？是否能在多重标准下进行精准的定位？这些都展现出培训师的专业知识优势。培训师的某类课程的核心竞争力是什么？有什么不可替代的授课主题和培训产品？定位的优势标签差异化越明显，越容易在需求出现时被优先想到。

与众不同的标签才能让培训师脱颖而出！如果什么类型的课程都讲，什么层面的学员都能培训，没有聚焦的领域和培训受众，反而会造成机构和客户的困惑，不清楚这位培训师的哪门课程讲得最好，不知道是否能解决目标学员的问题，不知道他这个培训项目与其他项目的区别，因此也就不敢主动邀请这位培训师来做培训。

当然，差异化不能模糊不清，更不能为了突出差异化而编造出有特点的定位，培训师应该以自身的专业知识、实战经验、兴趣爱好、讲授内容为参照因素去找准定位，否则定位也不会真正突出自身优势。

每位培训师都有一个或者多个擅长的课程，都有相关领域的机构和客户采购，培训师要从自己的能力边界、自己喜欢和熟悉的领域、擅长培训的学员群体等角度进行定位，准确地挖掘和发挥自己的优势。如果课程没有做好定位，培训师讲授的课题类型过多，搜集课程素材难度便会加大，深度研发课程的精力也会不够。

除课程定位外，培训师也可以进行背景的定位，比如在某个行业任职高层多年，就突出职业背景；比如学历高，就突出学历；比如获得相关证书多，就突出获得的证书。当然，学历高或证书多不代表讲课就一定好，不代表一定是一位好培训师，这只是培训师选取自己最强的一个标签，以它来定位背景优势。

综上所述，培训师一定要在内容实用性很强、课题比较契合市场需求的基础上来进行自我的精准定位，形成适合自己的风格。每一种类型的培训师都要清楚自己的优势，不能说哪种风格最好，但是不同风格会导致受训人的培训过程和学习结果有很大的差异。培训师不需要一味模仿，不能认为学员喜欢哪种风格就改成哪种风格。任何一种类型的培训师，都会有与之适应的学员，但我们需要广泛吸纳各种类型培训师身上的优点，不断融合、优化自身类型的优势和长处，调整和改善不足的一面，进而彰显出有自己特色的定位，这样才能成为风格优势突出、课程精彩并受学员欢迎的培训师。

培训师还要对讲授课程的主题进行定位，培训课程的主题和领域的选择很重要，术业有专攻，任何培训师都不可能做到任何行业、任何课题都能涉及，不可能对各个行业的发展情况完全了解。一般来说，培训师可以专注深耕两三个行业，可以广泛涉猎其他行业的知识，但不用研究其课程。两三个行业的潜在课量绝对有保障。一个行业内比较优秀的培训师，年均课量在200天左右已经基本算饱和，因为培训师个人时间问题和行程问题，再突破讲授天数很难。有的培训师一年完成合适天数的课量后，会坚决不再排课，目的是留出时间学习充电，做课程内容的更新和迭代，避免盲目追求课量而降低了课程质量，否则就缺少了增加课程单价的机会。我也认识一些课量近300天的高课量培训师，他们的课程被几家重点机构和客户提前预约，通常是同一层面学员的轮训课程，基本不需要在课程推广上和行程上花时间。

培训师如果想要有广阔的课量，就要结合市场潜在需求，并在自身专业、兴趣爱好、熟悉的行业、知识储备、课题的趋势、课量的潜力等方面做好定位。特别是计划转型的职业培训师，课程需要进行聚焦定位，机构和客户方才会获得明确清晰的课题标签，才容易记住培训师。如果培训师宣称自己能讲很多课，课程涉及不同的领域，机构方和客户方反而不确定这位培训师是否能讲好他期望的课程，从而降低合作意向。

职业培训师不能做万金油，要做好课程方向上的规划，避免走定位不精准的弯路。只有先讲好一门课，有了突破，才能讲更多门类的课。职业培训师一定要在自己最擅长的领域持续精进，让机构想到某类课程就想到你能讲，并且能讲得很好。

培训师要结合市场对于某些课程的需求定位，形成自己的独特竞争力，使自己的课程体系足够完善，做出有知名度的品牌来，才能够越走越远，最终赢得培训市场的青睐，占据一席之地！

想拥有什么样的定位标签，就需要在相关领域中深耕发力。课程名称的命名可以融合和突出某个定位特点，具体可以用以下五个方面的标签来定位自身课程，进行精细化经营，获得更多课量，如图5-6所示。

行业类型的定位 → 课题领域的定位 → 学员层面的定位 → 课程品牌的定位 → 学员在岗年限的定位

图 5-6　标签定位自身课程的五个方面

一、行业类型的定位

企培行业中各类机构的经营越来越精细化，大部分培训机构都基于自身资源和能力的情况，专注聚焦某个行业方向，即使是一些规模较大的培训机构，也会按照行业分出事业部来服务终端客户。企培行业服务于很多行业，培训师首先要分析选定的行业潜力怎样，避免选择冷门的行业，否则就算通过行业细化找准了自身的定位，竞争较少，但是总体课量少，培训师也无法获得理想的课量。当然如果培训师选择的行业类型太多，研发课程的精力不够，也经营不好自己的课程，还不如专注某一个自己擅长的行业，开发有基础课量保障的系列课程。培训师想让自己的课量更有保障的话，建议最多选两三个类型的行业，这样就完全可以获得足够的课量。

培训师要想争取与课程相关行业的机构和客户的合作，前提是需要持续向机构宣传自己的课题标签，让机构知道自己服务的客户是聚焦在他这个行业的，自己是精通这个行业的，甚至自己就在这个行业有过长期的工作经历，曾经任职过比较高的职位。

如果培训师没有在这个行业的工作经历，但对于这个细分行业的专业知识非常清楚，获得过这个行业内含金量高的资质证书，对于这个行业的客户经营特点有足够的了解，服务过足够多的客户，有过往的典型案例证明培训师在这个行业具备专业优势和交付保障，这样依旧可能争取到与课程相关行业的机构和客户的合作。当一位培训师成了细分行业的培训专家，就能够吸引相关行业的机构和客户聘请他讲课。

客户所在行业情况、客户自身发展情况、客户方的学员岗位等信息，培训师都应该了解到。我之前与一位行业内的朋友交流时，他曾提到一个案例，他们聘请的培训师对客户方的岗位称呼及岗位职责非常模糊，讲的课程主题是本岗位全面能力提升，却频频出现讲授内容与岗位不相符的情况，实战效果有所欠缺。虽然这位培训师的授课控场技巧比较强，现场氛围很好，学员也没有明显异议，满意度评价还可以，但是内容针对性方面着实不敢恭维。机构方出于专业性和谨慎考虑，后面不敢再次聘请这位培训师给这个行业的客户讲课，担心遇到认真的客户和学员，出现讲砸的结果。

因此，培训师首先要从行业角度开发课程，学会挑选适合自己的客户，也就是挑选自己擅长讲授的行业，自己能掌握好的课程主题，自己能讲授出好的效果的学员，否则开发的课程针对性不强，很难与专注这个行业的其他培训师竞争。

以我所处的银行培训行业为例，聚集的银行类型有国有行、股份行、城商行、农商行等，其中农商行的法人机构目前有1000多家。即使每家农商行只讲1天课程，课程及时迭代和创新，按照1年150天左右课量，不算因效果好受到返聘的情况，轮训完全部的农商行，至少也需要六七年。可见培训师只要行业选择好，并深耕得好，课量是完全能够满足培训师的。

二、课题领域的定位

企培行业的特殊性是，培训师的课题唯有聚焦才能卓越。培训师只有清楚自己的优势，知道自己最擅长的课题是什么，才能根据自己储备的专业知识的深度、广度和创新度，进行有针对性的适当延伸，进而选定讲授某个领域的某个课题。培训师选定是职业化类、管理类、营销类、专业技能类，还是服务类后，才会确认研发重心，才能针对自己的课题进行日常打磨，更主要的是向培训机构推广课题的时候，培训师要有明显的擅长某类课题的标签，才会被培训机构记住。

培训机构对接客户方需求后，首先是要匹配课题类型，其次是学员层面和具体授课内容，最后再进一步推荐合适的培训师。如果培训师涉猎的类型太多，课题标签太多，会导致核心标签不明显，很容易被机构方认为虽然这个培训师什么课题都能讲，但专注某个课题的时间可能不足，导致合作信心不足，不敢向客户全力推荐。

在行业内有一定阅历的机构和客户，有谁会相信什么课题都能讲的培训师能够讲得很精呢？现在企培行业往往不追求培训师能讲授的课题类型越多越好，而是希望培训师聚焦和专注在某个课题。行业内一般认为相较于讲授多个领域的课题，只专注在一个领域的培训师，才能真正具备有深度的专业性，能解决客户方难点，能使学员素养提升，也就更具讲专业课题的优势。

比如礼仪相关的课题，可以延展细化出系列课程，有中餐礼仪、西餐礼仪、营销礼仪、商务礼仪、政务礼仪、服务礼仪、电话礼仪、办公室礼仪等。虽然延展细化带来的课量大，但是也不要轻易延展太多，我在辅导培训师打造品牌的过程中，看到很多培训师从某个领域的课题中延展出几十门课程，这样也是不明智的行为。从机构和客户采购的角度来讲，他们会担心培训师的研发精力有限，不清楚培训师擅长其中哪一门课程，而不知道哪门课程是精品课程，也就不会选择合作。

课题领域的定位是培训师必须要做的工作，特别对于入行时间不长的职业培训师来说更是非常有必要的。哪怕短期课程量不足，也不要轻易追逐所谓的热门课程，不要对各种领域课题泛泛而讲，不要不断变换课题领域的定位，结果让机构和客户无法确认你究竟擅长哪个专题。培训师只有在长期深耕某个行业的同时，专注塑造某个行业的某类课题领域的专家的标签，基于行业和课题这两方面的优势找准定位，才有足够的可能吸引机构、渠道和客户，带来某行业下的专属课题的课量满足。

三、学员层面的定位

基于以上的行业和课题定位，培训师在了解未来学员规模、客户方潜在需求、客户方的培训频率、课程结合业务发展的紧急程度等情况的前提下，要明确定位自己要专注为哪个层面的学员讲课，自己更能符合哪个层面的学员的期待。培训师对培训对象的深度定位是否细致，更能体现合作时是否有足够的信心去保障课量。

有的培训师认为给高层讲课很有面子，课酬比给基层讲会相对高一些，但是对于同一位培训师来说，单价通常也就高20%左右，又因为高层学员的人数少，获得的课酬总量反而不一定更多。

不管给高层还是基层授课，培训师都需要结合自身工作经历、工作经验、兴趣爱好和知识储备，以让学员学到实战能力为目标进行定位。有的培训师没有带过团队，或者没有在中高层任职的经历，尽量不要去给高层讲课。有的培训师给中高层讲一些管理和战略营销课，虽然授课现场氛围不错，但是因为培训师没有做过相关岗位，授课的内容看起来很空，一次课程结束后可能就没有后续再合作的机会了。有的培训师选择给基层讲课，跟学员很有共鸣，而且基层学员数量多，轮训机会多，总课量和总课酬更高高。因此，培训师不如就定位在自己能讲授出彩，又游刃有余的学员层面。不去比较谁能给层面更高的学员授课，而去比较谁在某个学员层面授课的口碑更好，这样更能彰显培训师自身的影响力。

四、课程品牌的定位

进一步的定位就是培训师在自己的众多课程中，确定其中哪一门课程属于品牌课程。品牌课的特征一定是内容具有很强的独特性，甚至培训师自己认为这个课程就是讲得最好的，毕竟内容才是培训师品牌发展的灵魂。有些特别优秀的培训师，品牌课程不超过三门，甚至有的只专注讲好一门课程，而他专注的这门课程分初级、中级、高级等，可以细化出10天以上的课程安排。优秀的培训师不担心课量不饱和，同时也要求培训师定位非常精准才行，需要循序渐进地做好每一步。

培训师做品牌课程的定位，一定要同步设计一个新颖而精确的课程名称，这个课程名称一定要是容易记住的，加入从讲课内容中提炼的关键词，形成10个字左右的主标题，未完整展示课程名称的，可以增加课程副标题。

好的课程名称让客户、机构一看就明白讲的是什么内容，留下深刻印象，便于课程的广泛传播。培训内容有好名称的辅助更容易出彩，但要注意课程名称要与内容具有统一性，不能为了表面好看而没有结合培训内容具体解决的问题。课程名称要与效果的描述有一致性。

培训师能否让机构方和客户方计划采购某课程的时候，想到他会讲这个课程，对形成品牌课程非常重要。企培行业内互相交流时，经常会有人评价某位培训师讲的某个课程非常好，机构方可以放心合作。如果问到某个课题是否有靠谱的培训师推荐时，大家都想到了某位培训师，证明这位培训师不仅能研发好课程，能讲好课程，还能很好地传播品牌课程，这样才使得更多机构方和客户方知晓他的品牌课程，去采购他的品牌课程。

在一个品牌课程有了突破，在特定课题领域受到广泛认可后，培训师再通过一定的有效的宣传推广，扩展开发该领域的其他系列课程，就会相对容易一些，这样也就有了课量总体增长的客群保证，有了稳步增长课酬的基础。

五、学员在岗年限的定位

培训师要考虑受训学员的在岗年限，在某个岗位的学员规模足够大或者培训频率足够多的情况下进行聚焦定位。特别是对于新晋的职业培训师，机构对于其能否胜任部分难度高的课题会有一定疑虑。对与在岗年限时间不长的学员，优秀的培训师提供的教学效果对比新晋培训师区别不是太明显，而且对于这类学员的培训，客户的采购预算通常很低，甚至很多这类项目采用招标的方式寻求与机构的合作，机构会选择性价比更高的培训师来完成项目以便获得更好的收益率。当培训师把这个清晰的定位给到机构，虽然舍弃了很多机会，但是从总体课量来看，是足够的。当你使用"受训学员在岗年限不长"的标签时，机构遇到相关课题就会优先想到你，有舍才有得。培训师可以用"给入职5年内的客户经理进行营销培训""给入职3年内的员工讲职业化课程""给3年以内的基础管理者讲执行力课程""给入职3年的员工讲服务礼仪""给'00后'新员工进行职业生涯培训"等标签进行定位。

同样以银行业培训为例，假如培训师在农商行这个垂直领域再次细分，选定服务类课题深耕，继续开发名为《农商行一线人员优质服务提升》的课程，培训时长为2天。这个课题针对农商行，首先估计每个行有多少位一线人员需要提升服务能力，每次培训班按照50人计算，想象一下，假如一人服务完所有的农商行需要多少年？

再进一步，不仅讲授集中大课，还能在银行网点现场针对学员进行服务能力的辅导，假定每个农商行只选定2个网点做服务标杆辅导，每个网点辅导5天，按照每位培训师1年课量为150天计算，1年时间全部完成培训和辅导，需要多少位培训师呢？在行业基础上选定课题领域，再针对学员层面开发相关培训课题，就能测算一个精准定位的课题的课量潜力。

培训师只有找准定位，发展的速度才会更快，增课才会更有保障。

在实际的培训工作中，想要很好地找准定位，还需要注意以下事项，如图5-7所示。

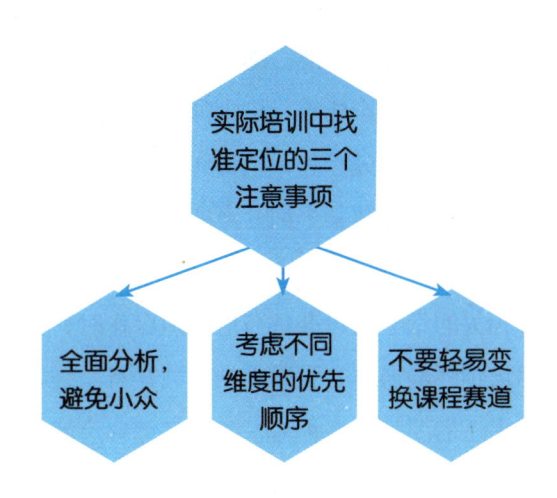

图 5-7　实际培训中找准定位的三个注意事项

第一，对于选定的行业类型、课题领域、受众学员、品牌课程要进行全面分析，避免小众，避免客户方在相关项目上的总预算和单课采购预算不高，避免定位到企培行业中的冷门市场。培训师可以向一些认识的培训机构咨询排课概况和需求趋势，否则就算做好了课程差异化定位，推广难度也会增大，课量和课酬也不会太理想。

第二，培训师在面对上述多个维度进行定位时，很难逐条都满足，可以结合自己的特点和优势，考虑不同维度的优先顺序。

第三，培训师的课程定位一旦确定下来，就需要持续沉淀、优化、突破，不要轻易变换课程赛道。转换定位也会让行业内的机构和客户不确定培训师主要擅长什么，而且可能会让机构和客户认为，这位培训师应该是过去定位的课程的课量不行或者相关课题讲得不好，没有客户采购了，才转换成新的课程定位的。

以银行培训领域的师资派遣为例，有一种需要辅导培训师驻扎在银行网点现场，进行学员一对一辅导的项目——产能提升辅导项目。这个项目中有综合产能，也有专项产能，细分出来的二级项目有基金产能、保险产能、存款产能、信贷产能等。培训师需要突显自己具体擅长的细分课程。如果没有明确的细分标签，机构和客户虽然也会合作，但是机构方根据客户方需求来重点做某个细分产能项目，全能标签的培训师就不容易被优先选择。

机构方针对相关的细分项目准备与培训师合作时，会优先与有明确二级细分标签的培训师沟通内容和确定档期，在有二级标签的培训师的档期都满后，如果还需要其他培训师，才会与综合产能相关的备选培训师沟通，确认是否是自己需要的相关课题的培训师。

由此可以看出，一些既能做全产能辅导项目，又能够突显自己擅长某一两个专项产能辅导的培训师，相较没有明显的二级标签的培训师，更容易被机构记住，合作的概率更大一些。

第五节 线上课程的定位与黄金宣传点

线上课程作为线下课程的补充，给了培训师很多的机会。一些培训师过去习惯线下授课，而如今与培训机构联合组织线上课程的情况下，如何定位，是收费还是不收费，是为线下课程引流还是作为维护客户和学员的增值服务，如何由线下B端转向线上B+C模式，这些都是需要注意的方面。每次线下培训后，培训机构都要建群，留存大量学员的信息，很多学员还会主动加培训师的微信。每位学员都是培训机构和培训师的宝贵资源，培训机构一定要维护和经营好与学员的关系，培训师要经营好自己的课程口碑，给志同道合的学员提供一定的学习价值，日后被激活产生线上收益，作为线下收益的补充。

部分管理层的培训班学员更要维护好，这类学员后期很有可能转岗，成为培训采购的直接负责人。特别是针对收费的课程，培训师不仅要在朋友圈分享，在微信群发课程链接进行一对多的分享，还要针对重要客户里爱学习的学员进行定向一对一邀请，说明课程内容和收费情况，用过往数据与客户沟通，引起客户兴趣，进而采购线上课程，使合作机构尽可能获得更大化收益。

因此，培训师要做好线上课程的模式定位，并知道如何进行宣传。

线上课程模式定位主要分为以下几类，如图5-8所示。

第一类，宣传导流式：类似于当面向客户宣传课程，为客户采购线下课程做铺垫。

第二类，维护客户式：策划课程产品，告知客户某项目或者某课程的价值和资源。

第三类，内容收费式：培训师以提供线上课程永久使用权或独家版权的方式与培训机构合作。

第四类，机构定制式：根据客户和培训机构需求，培训师以定制化的录制课程或直播课程进行交付。

第五类，联合推广式：发挥培训机构和培训师各自的资源优势，共同分担成本，共同分配收益。

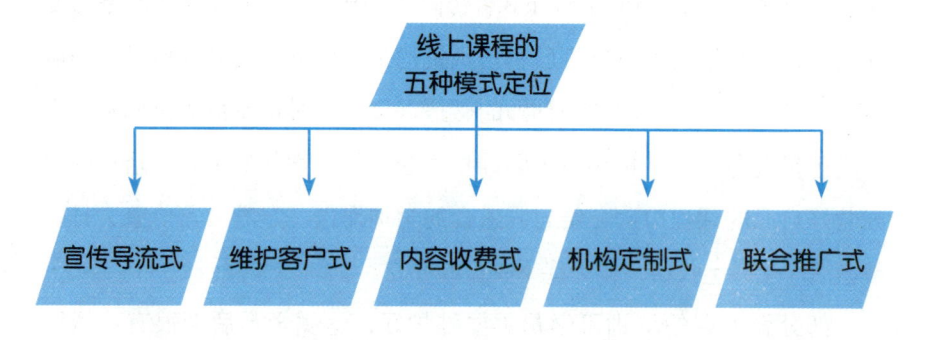

```
                    线上课程的
                    五种模式定位
     ┌──────┬──────┬──────┬──────┐
  宣传导流式  维护客户式  内容收费式  机构定制式  联合推广式
```

图 5-8　线上课程的五种模式定位

线上课程的宣传点主要有以下几点。

宣传点1：启动和预热宣传（数据和以往成果很重要）。

宣传点2：开课前一两天，进行临近倒计时提醒。

宣传点3：开课前0.5~1小时提醒（朋友圈和微信群）。

宣传点4：开课前5~15分钟加强一下宣传，向部分客户和学员再次单独发送。

宣传点5：直播的时候发送实时数据和部分讲授内容。

宣传点6：直播结束，数据进行总结（包含观看人数、场次、学员评论等）。

宣传点7：授课内容进行摘要整理，后期还会直播，不要忘记提醒下一次直播的时间。

第六节　培训师标签的打造方法

标签就是让机构和客户记住你的关键词和关键语句。培训师的标签优势越明显，机构和客户有相关需求时才会优先想到这位培训师。

职业培训师这个职业是口碑依赖度非常高的职业之一，职业培训师的标签不仅仅靠专业能力来塑造，更依靠稳固的职业声誉来塑造。如何尽快打造出自己的品牌课程，如何从平凡走向卓越，如何在企培行业内提高知名度，如何成为行业内受欢迎的培训师，这些都是培训师应该关注的问题。下面从12个角度分享标签打造方法。

一、职业背景

职业背景主要是指培训师是否有课程相关行业的工作经历，比如曾在与受训学员相关的岗位或高一个层级的岗位任职等，职业背景的标签便于机构更好地推荐和匹配培训师。培训师可以从职业背景中提炼出与课程相关的工作经验，比如曾经在工作中解决了公司哪些难题，提升了公司多少业绩，有哪些被表扬的事项，以及为公司做出过哪些重大贡献等。

培训师的相关职场实战经历，往往会在机构方和客户方选择培训师时，成为加分项之一。

有一些企培行业的背景称呼要慎重使用，比如有些培训师有"全国百强培训师""全国十佳培训师"等称号，如果是行业内有良好的口碑且特别权威的机构公平、公正、真实评比后颁发的奖项可以，但如果是通过花钱买来的一些没有任何权威性的"荣誉"，一旦同行、机构，特别是授课期间客户和学员产生了质疑，哪怕课程被认可，也会给培训师造成不必要的尴尬。但目前企培行业只在某些范围内有相对受到认可的权威。

还有一些"高校客座教授"之类的称号要慎重使用，除非真正拥有教授证书，可以使用"特聘讲师"，或是一些机构内部给予深度合作的培训师的称号，比如"首席讲师""首席专家"等。这样便于机构进行宣传和推广，更重要的是便于机构通过这类标签向客户突显培训师的实力，从而促成合作。

二、擅长专题

培训师对于专题课程一定要有取舍。行业内经常遇到培训师某个专题讲授评价很好，换一个专题就不太理想，说明培训师在选择专题方面一定要有取舍，并非什么专题都能讲的全能培训师被采购合作的概率就大。培训师如果宣称各类课题都擅长，就等于没有什么擅长的。培训师擅长的课题一般不超过三个，精准强化差异性标签，才能让机构方匹配客户方的需求时，优先想到这位培训师。如果你在某一个精准细分领域深度发展，使客户非常喜欢与你这类培训师合作，那么他们在选择培训师时，你至少可以超越市面上90%的同类培训师。

三、精品课程

培训师擅长讲授的课程的三种类型中，每个类型可以专注一门精品课程，更加突出自己在每个课题中最擅长哪类课程。培训师在一个课题中可以拥有两三门精品课程，会让机构和客户谈合作时在授课效果方面更有信心，增加谈成合作的机会。

四、版权课程

企培行业属于知识含金量非常高的行业，客户对于版权课程的交付效果都是放心的。因为行业相信，一位培训师的版权课程一定是他自己开发的课程，并且是他的代表课程，通常都能满足反馈满意度高、课量采购占比大、评价非常好等条件。因此，培训师可以优选出至少一门有核心竞争力的好课程，主动申请版权保护，这也是一位优秀职业培训师在市场上立住根基的标配。

培训师不仅可以通过法律来保护版权课程的内容、模型、课件等，也可以保护课程的名称。好的课程始于好的课程名称，特别是一些内容容易出彩的课题，如果有一个结合课程设计的有吸引力的课程名称，将会更加出彩。将好的课程名称申请成为版权课程的名称，也是课程设计中很重要的一部分，好的课程名称一目了然，可以吸引机构和客户对培训师原创课程的注意，提高学员学习的欲望，又容易被记住，是向客户方展示培训师整体课程定位、助力课程推广、提高培训师品牌力的核心。

有些课程概念如果是首创的话，体现在课程名称上，更是强化课程优势和特色的最好的宣传记忆点。不过，培训师一定要记得，内容是一个培训项目的核心，概念只是锦上添花。申请版权时，切忌盲目追求创新的概念、头衔和最新的理论，而忽略了内容。好的课程需要培训师专注某一个领域，加强自己的内容优势，时刻补充自己课程体系的短板，逐步形成扎扎实实的版权课程体系和具体的培训内容。

五、服务客户

培训师的简介中，在服务过的客户方面最好增加讲授课程的时间点，涉猎多个行业的培训师可以按照客户类型分类，这样会让机构更加直观地看到培训师以往的授课经历。比如在银行培训领域，可以分建设银行合作的是哪些客户、工商银行合作的是哪些客户，分别合作过几次，都是在什么时间讲授的，当时讲授的具体课题是什么。特别成熟的培训师在服务过的客户和典型培训项目上一定要注明时间，便于机构全面了解自己过往真实的培训经历，在多位培训师竞争同一个课题时，提高终端客户选择概率。客户方了解到培训师服务过的客户的类型与自己所在行业有关联后，甚至可以从同类型企业了解培训师的授课效果，或者把培训师服务过的客户数量情况作为采购课程的评判依据之一。这样，培训师会慢慢在某些领域积累更多客户，某些课题被采购得越来越多，机构也会根据培训师以往服务客户等综合标签做重点推荐。

另外，部分培训师介绍自己服务过的客户时，可以在讲过某个课题的基础上，再细化增加是针对哪些岗位讲的课，这样便于机构更快速地匹配和主动推荐。因为只介绍服务过的客户还是比较宽泛的，机构需要清楚知道当时针对哪些岗位产生怎样的授课效果。这也是培训师要聚焦某个岗位的培训课程的原因，能讲好某个课题，不代表能讲好各个岗位的培训课程。

如果机构想对培训师服务过的客户的细节进行更进一步的了解，培训师可以自行整理一份详细的版本，在机构需要的时候及时提供，这样又会增加合作的机会。

六、代表案例

培训师不仅要介绍服务过的客户和擅长讲授的课题，更要突出以往合作过的最具代表性的课程或者最具代表性的培训项目，并且对过往具有代表性的案例进行简要的概述，比如概述培训课程的受欢迎程度或通过培训给企业方带来的绩效和业绩增长等。培训师通过概述以往最具代表性的授课案例，能更清晰地证明自己的实力和在某些课题上的丰富经验。

七、授课风格

对于经常讲授的课程，培训师不仅可以准备课程大纲，还可以准备

5～10分钟的视频,这样可以让机构方向客户方做推荐的时候,更清晰地展示培训师的授课风格,打造风格标签,更好地促进合作。

培训师的典型风格很多种,各种风格的培训师都会有一定的市场需求。培训师可以用风格标签来进行定位,具体可以参考以下几种风格标签,如图5-9所示。

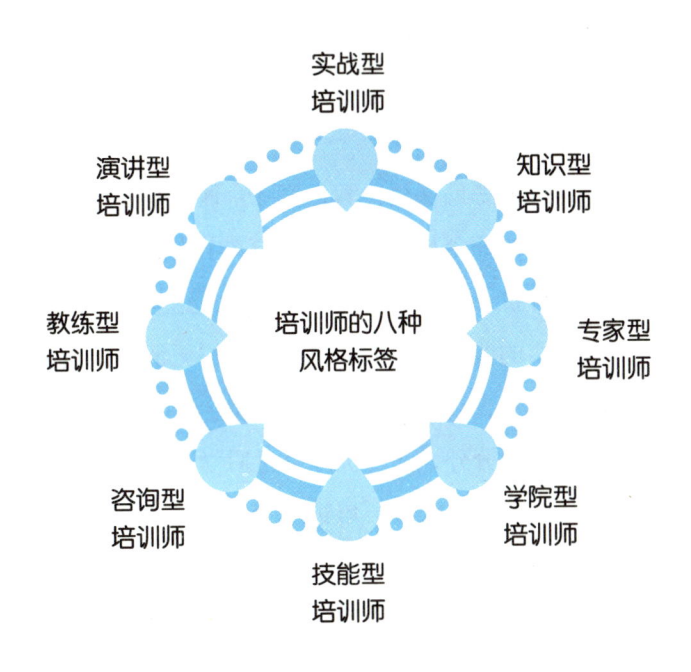

图5-9 培训师的八种风格标签

八、授课方式

不同的机构方和客户方都有各自比较喜欢的授课方式,培训师打造自己的授课方式的标签,也能更好地符合潜在学员的印象。很多培训师在课程中会用到多种授课方式,除了最基础的讲授法之外,还会配合其他授课方式，比如案例分析、小组讨论、游戏互动、演练点评、练习强化、测评分析、角色扮演、学员互评等，培训师通过标签突显自己主要用哪些方式授课，能让机构方和客户方对培训师有更准确的定位，对于培训课程的效果有更准确的预期。

九、客户评价

客户评价是用来给未来可能合作的机构向终端客户推荐做背书的，客户评价包含客户方采购负责人、客户方管理层、受训学员的评价，培训师可以分类积累相关素材。

评价的是培训师的哪门课程？满意度综合评分是多少？授课风格、课程内容等各项指标的评分是多少？评价的文字内容有哪些？是正式的带有客户方印章的评价，还是微信对话的评价？这些评价的说明可以更好地让培训师做真实的背书，也能让机构和客户更清晰地通过评价，对培训师的课程效果有更直观的感受，进而产生合作意愿。培训师除了关注每次客户和学员的评分外，还要关注交付后学员的收获和反馈。如果有些课程的学员的收获写得很少，培训师就要分析是学员不愿意写，还是没有什么知识点值得写？此外还可以分析，学员写的内容跟自己传达给学员的知识点是否匹配？学员所遇到的最大挑战有哪些？学员最欢迎的内容是哪些？下次课程需要调整和完善的内容有哪些？通过搜集这些反馈细节和真诚建议，培训师就能不断优化和精进以后的课程。

十、现场见证

现场见证主要是指，培训师每次培训后一定要多留一些讲课的照片，展现自己与学员之间精彩的互动。照片背景最好能体现出具体是哪门课程，是哪家合作机构，以及客户的名称是什么等。为了有效体现课程真实性和课程效果，培训师要在简历等资料里为现场见证搭配文字，进而增加对于机构方和客户方对培训师的信任感。当然也要注意对客户的敏感信息或者机构和客户不愿意公开的信息进行保密。

十一、机构方的评价

培训师与行业内知名度高、排名靠前的机构长期合作，从而得到机构或有影响力的个人的评价和背书，以此可以加深将要合作的机构对自己的了解。企培行业很大，但是往往又分成不同方式建立起来的小圈子，并且每个圈子也都有一些值得同行信任的有话语权的人，这些人的评价很重要。

培训机构、有影响力的人或者可靠的师资经纪，对培训师的授课效果进行评价，或做推荐背书，可以提升培训师的知名度。培训师可以用一个单独的文件整理说明，只在准备与机构合作时使用，不需要写在培训师的简历中。有时个别的客户方也会从行业内认识的朋友哪里，打听一位培训师讲的课程怎么样、培训内容的针对性怎么样、授课风格怎么样、师德怎么样等，以此判断是否可以合作，这也算一种评价或背书。这种背书可以方便互相认识的同行之间快速了解一位培训师的情况，加快培训师与机构方和客户方之间的合作效率。

十二、增值服务

随着客户方对培训交付的要求越来越复杂，培训师还要满足机构对更多增值服务的期待，比如课前的协助调研，课后一段时间的答疑和跟踪固化支持，提供辅助客户方工作落地的工具表格，提供工作话术范本，提供讲师版的课件等。当然，培训师可以根据情况选择收费还是不收费，这类增值服务也可以作为课程的优势标签展示给机构，也是对自己课程标签的强化。

第七节　培训师讲授课程类型分析

有些培训师容易混淆自己讲授的各类课程的定位。我见过很多培训师的简历，有的把自己讲授的课程都定位为精品课程，有的都写为擅长的课程，而没有明显对课程类型进行划分，这样会让机构方看不到区别，不能产生足够的采购意愿。培训师讲授课程的类型可以分为以下几种，如图5-10所示。

图 5-10　培训师讲授课程的五种类型

一、普通课程

培训师能讲授的普通课程可以涉猎很多领域，这样可能获得更多合作机会，并与培训机构建立长期合作关系，或者在一些经常合作的机构找不到其他培训师的情况下补位救场。不过，一些刚建立关系的机构，反而会因为培训师涉及的领域太多，而对其课程的深度有疑虑。

二、擅长课程

比能讲授的课程再高一个级别的就是擅长的课程，或者说是擅长的课题领域，是区别于能讲授的所有课程的。合作机构一般更关注培训师的擅长课程，希望能与性价比最高、匹配度最合适的培训师进行合作，采购他的最好的课程。

三、精品课程

精品课程一般是培训师自己最喜欢讲授的、整体满意度最高的、采购合作量最多的，甚至复购率最高的课程。知名度高的精品课程能与培训师连接在一起，提到某个精品课程，机构和客户方就会想到是哪位或者哪几位讲师来讲，这些精品课程成了培训师被行业认可的标志之一。

四、版权课程

版权课程的课程内容具有首创性和独创性，版权课程一般有相关部门审核颁发的证书，受一定的法律保护，能防止被他人剽窃，是一种鼓励内容原创的课程。

职业培训师最少拥有一门经过自己的打磨后成功申请版权的课程，能一定程度上体现培训师的课程开发功底和知识含金量。这样培训师就可以在自身课程体系中增加合作成功的概率，这也是培训师授课多年后一种行业资历和课程研究深度的体现。对于有些有很大市场课量潜力的课程，研发起来比较复杂，由两三位志同道合的培训师联合开发和申请版权也是可以的，同样具备权威性。除了权威的保护外，从长远来看，防止被复制和抄袭的最好方式就是不断创新，这样才能真正在内容和培训方式上拥有持续的领先地位。

五、商标课程

培训师是一个以"知识内容为王"的职业，培训师的版权课程可以进一步申请商标保护，用法律的手段来保护培训师的知识成果。

一些导师级别的培训师，常常通过注册课程商标，使自己的课程更具价值，使其成为知识品牌，这是课程持续开发的路径之一，也是为提高权威性，进而为将来开班授证招收学员做准备。

培训师的商标课程可以使自己衍生的系列课程更具品牌性，甚至可以打造一个知识矩阵。培训师想要为衍生出更多的培训相关的知识产品布局，商标课程就更具优势，更容易推动企培行业原创内容的发展。

第八节 培训师课程版权现状和价值

目前培训师的课程版权的状况主要包括以下三个方面。

一、客户方越来越重视版权

国家对于版权的保护越来越重视，培训行业整体的版权意识也在增强。客户方在协议中都会提到培训项目提供的课程内容不能涉及版权纠纷，否则乙方培训机构和培训师要承担相关责任，而培训机构也会与培训师根据这个约定签订相关协议。如今线上课程增多，覆盖的学员就会增多，这也加强了客户方对培训师课程版权保护的重视和要求。以下是客户方招标是对版权事项的说明示例，如表5-1所示。

表 5-1　招标时对版权事项的说明

序号	项目	分值	评分标准
9	课程方案	11分	1. 投标人需提供培训的课程计划，主要围绕金融浮亏客户维系、客户保险规划等方面。 2. 投标人需根据采购需求编辑项目培训课件，至少需提供客户保险规划、金融浮亏客户维系、健康险主题服务活动的组织和运作课程的详细课件，均需要无版权纠纷。 3. 由评标专家根据提供的课程方案内容和重点课程课件的合理性、逻辑性、实用性、可操作性、创新性和效果的可评估性，进行综合打分。第一档得（6，9]分，第二档得（3，6]分，第三档得[0，3]分。不同投标人可被分为同一档。另额外提供详细课件的，每多提供1个加1分，最多加2分。

二、培训师加强对知识产权的维护

这几年企培行业版权纠纷和维权事件越来越多，培训师开始通过法律武器捍卫自己的原创版权，可以说重视培训师课程版权保护的趋势已经起来了。我从事师资经纪方面的工作，与机构和培训师经常打交道，近三年来，与大概1000多位培训师接触过，有个很明显的感受就是，培训师加强了对知识产权的维护，而为课程申请了版权的培训师相对会安心许多。三年前，可能10位培训师中仅有一位培训师拥有自己的版权课程，而现在大概有1/3的培训师拥有自己的版权课程，持有版权课程的比例明显提升。一些愿意线上分享的培训师，过去很担心授课资料被随意传播，便申请了版权，虽然课程也会被传播，但是遇到相关版权纠纷时会有理有据，并且这样也让一些人对随意传播课程资料有所顾忌。

三、好的版权课程名称越来越少

版权课程的名称就像商标一样，一些容易记住、容易吸引客户方、容易传播的课程版权名称，对于课程的宣传效果的影响不言而喻。有的培训师会有疑问，自己的课程与别的培训师的版权课程用同样的名称，但是课程内容完全不一样，版权是否能申请通过？有可能通过，但成功概率比较低。相关部门检索课程内容时，如果重复度不高，即使名称一样，也会考虑通过，但是同样的名称，已经有培训师先申请了，给人的第一想法可能是这位培训师在抄袭别的培训师的课程，至少是抄袭其他培训师的课程名称。况且，用相同的名称反而是帮先申请的培训师进行宣传。因此，培训师对自己的优秀课程及其名称，要优先申请保护，优先塑造课程品牌。

培训师的版权课程对其个人和合作机构都具有很高的价值，主要包括以下四个方面，如图5-11所示。

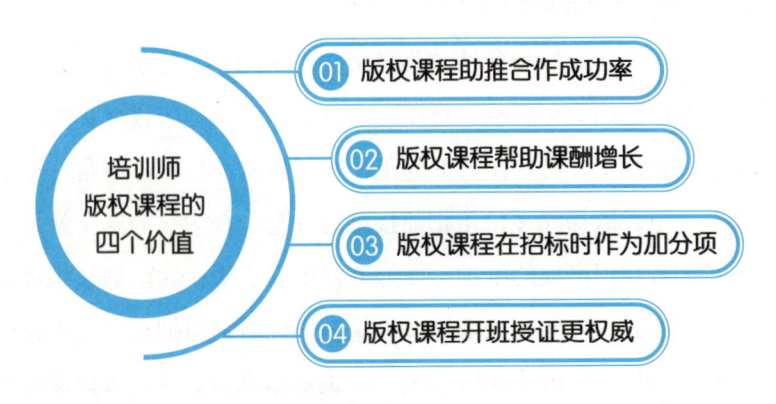

图 5-11 培训师版权课程的四个价值

（一）版权课程助推合作成功率。经常看到有培训师在谈合作时提示机构和客户，这门课程是自己研发的，使自己的课程区别于其他培训师的课程和项目，这样能强化知识产权保护及强调自身研发能力强。对于讲同类课程的培训师，机构和客户方往往会记住有版权课程的培训师。在一些合作项目中，培训师面对多位初次相遇的培训师，需要选定一位进行合作时，在其他条件都差不多的情况下，拥有这次合作课程版权的培训师更容易被选定。可见版权课程还能增加培训师之间合作的成功率。

（二）版权课程帮助课酬增长。一位培训师通常能讲至少5门课程，其中一两门课程要申请版权，与其他课程区别开。行业内培训师版权课程的课酬单价一般比非版权课程高10%左右，或者每日课酬可高500～1000元。对于版权课程，即使培训师按照统一价格优惠报价给机构方，机构方也会尝试主动提高给客户方的报价，来证明这个课程比这个位培训师的其他课程更好。当然机构方也有可能给客户方一段时间的优惠，让客户方对培训师的版权课程的效果有所认可后，再开始提高报价。当培训机构、客户方对培训师的课酬报价有一定的适应后，培训师也可以对部分机构停止优惠，按照不同课酬标准进行报价，这样培训师的版权课程在课酬增长方面就会具备一定的可操作性。

（三）版权课程在招标时作为加分项。一方面，培训机构可以提前引导客情关系好的招标客户方，把培训师的版权课程作为评分标准里的加分项。另一方面，很多培训机构愿意跟有证书的培训师合作，除了培训机构内部的证书外，客户方采购课程时，也要求机构推荐的培训师能证明自己有讲授某门课程的实力，版权证书便可以作为实力证明之一，是推荐培训师优于其他培训师，能够获得更好评价的加分项。

（四）版权课程开班授证更权威。导师级培训师的版权课程，可以使他开班更具权威性，可以证明授课内容含金量高，特别是可以证明培训师讲授的内容是自己原创的，是具有唯一性的。培训师开班招生后，学员学习的内容想获得授权和认证，除了需要培训师联合一些协会颁发证书外，还需要有版权课程证明作为授证的依据。

第九节　对其他培训师抱有敬畏之心

培训师对自己的课程效果是要有自信的，虽然培训师之间会有少许的竞争，但也有很多培训师之间是亦师亦友的关系，因此，一定要有敬畏同行的心。

很多培训师都成长快速，一些新入行的培训师可能一年前讲课水平还一般，甚至多次课程效果不理想，而一年后却在行业内受欢迎程度变得非常高，而且很快在某类课题领域有一定的专业话语权。当机构或客户问你对这位培训师的课程的评价时，你可能还在用过去的眼光看待这些培训师，从而建议机构或客户慎重选择与其合作，这种做法就显得不是很恰当。哪怕向你咨询的是你非常好的朋友，最好的方式也是当下不做具体课题的评论，可以给朋友一些选择优秀培训师的方法。

对客户方和培训机构曾经合作过的培训师也要有所敬畏。在客户方闲聊时，遇对方可能会问："老师，您认识××讲师吗？您觉得他讲课怎么样？"还有的培训机构会说："上次合作的××讲师效果不理想，幸好有您救场，否则我们培训机构就失去这位重要的客户了，老师您认识××讲师吗？"遇到这种问题时，作为培训师首先一定做到敬畏，因为我们不清楚这个客户和培训机构背后想获得什么信息，是想看你对同行的评价，还是想拿你的讲课水平与那位培训师做比较。

有些资历比较久的培训师，会在朋友圈或者微信群，对一些入行不久的培训师讲述的理念或者课题进行评论，会站在自己作为前辈的角度发表不认同其所讲内容的观点，或者贬低同行讲的内容过于基础，来突显自己课程的深度和有效性，结果却被其他同行集体反对，得不偿失。因此，作为职业培训师，我们要专注讲好自己的课程，时刻提醒自己敬畏同行。士别三日当刮目相待，你不知道几年后谁就能超过你成为某个领域的优秀培训师。

其实在企培行业很多年，我认为每位能在行业中生存下来的培训师，基本的讲课能力都是具备的，只是有的培训师愿意挑战自己不擅长的课程，或有的培训师不及时更新课程内容，多年案例一成不变，导致课程效果不佳。行业内交流时经常提到个别的培训师，培训内容、用到的案例、行业相关信息都是很多年前就没有变动过的，而客户和学员接受的培训太多了，有些重复的知识内容已经学腻了，还用多年不变的课程，就很难满足客户方和学员的要求了。企培行业在快速发展，培训师的课程内容也需要不断迭代，培训方式需要不断突破，形成持续的差异化特色，才能让自己的课程获得更多学员的认可。

职业培训师一定要明白，既然当初培训机构和客户方选择与某位培训师合作，肯定是通过严格筛选并结合当时的其他因素综合考虑的，比如客户选择的培训师可能是这次培训机构的负责人找来补位救场的，培训机构认为讲得不好的培训师可能是客户方根据其他机构的建议选择的培训师。我们没有了解到深层次原因，盲目地进行自以为专业的具体评价，很容易得罪培训机构和客户方，即使你已经证明了自己课程的效果，也会让他们认为你职业感不强。甚至你的评价通过多次传播后，传到这位培训师耳中，原本客观的评价也有可能被曲解，造成误会。所以，培训师对于客户方和培训机构提出的这类问题，最好做一些场面式的回应，只需要对自己的课程交付效果做保证，尊重企培行业的其他培训师，不去具体评价课程好坏，比如可以回复说对于某位培训师不是很熟悉，不太清楚当时授课的内容，不了解目前课程的讲授风格等，总之要以敬畏机构和客户方以往合作过的培训师为原则。

第六章

培训师的增课策略分析

第一节　增课量和涨课酬的复杂心态

职业培训师通常都很关注自己的课量和课酬是否能按照预期增长，在自己不涨的时候，对比其他涨了课酬的培训师，会感到不甘心，还会担心涨了课酬会不会导致课量减少，或拿不准讲授的课程的课酬涨多少合适。有这些想法是非常正常的，关于课量和课酬增长时的心态问题，我经常跟培训师们交流，总结出三个方面的常见心态，在这里与大家分享，让我们能更好地看待课酬和课量变化这件事，如图6-1所示。

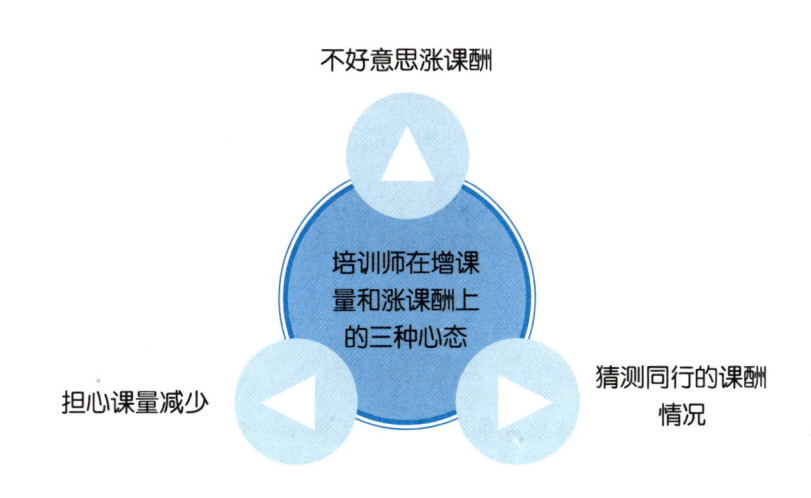

图6-1　培训师在增课量和涨课酬上的三种心态

一、不好意思涨课酬

培训师可能与许多机构方都是多年合作关系，合作得很融洽，内心觉得不好意思谈涨课酬，担心被各种理由应付，最终非但没有涨课酬，反而导致合作上的不愉快发生。比如，担心机构方说合作多了就要涨课酬，认为培训师不站在机构方的角度多考虑，担心被说随意涨课酬很大牌。这是典型的非常在乎面子的培训师存在的基本困惑，给自己在涨课酬方面设立了很多心理障碍。

二、猜测同行的课酬情况

有些培训师自认为授课技巧不差，但就是没有其他同时期出道的培训师课酬高，甚至与讲同类课题的培训师的课酬差一大截，他们认为是因为自己不像其他培训师那样积极宣传，对于"我授课效果好"这件事太低调了，才导致课酬涨得慢。有些培训师会猜测，其他培训师涨课酬时是不是同步给所有合作机构，会不会对外宣称的课酬标准与实际合作课酬有很大区别，会不会是想让自己主动涨课酬而营造的假象，自己涨课酬会不会突然失去很多合作机构，反而给其他有竞争关系的培训师创造了机会。因为有这样的猜测，所以这些培训师产生了暂时不着急涨课酬，先保住一定的课量再看情况的心理。

三、担心课量减少

培训师如果课量很满，不涨课酬不甘心，决定主动与机构沟通一下，但是又不懂得具体该如何跟机构谈这件事。培训师可能心里会想，现在课量还可以，每年课酬总收入也还行，假如涨了课酬，课量却减少很多，总体课酬收入反而降低了，该怎么办？甚至有些培训师担心现在的机构方也不容易，如果培训师涨1000元课酬，给培训机构增加的成本可不止1000元。有些培训师还会担心，培训机构会不会因利润降低，选择性价比更高的新晋培训师长期替代自己。特别会担心的问题是，合作多年的机构表示认可和理解，给培训师涨了课酬之后，机构自身利润变低，失去行业竞争力，导致机构的总采购量降低。还有培训师存在这样的心理：如果每日课酬涨1000元不适合，那涨500元是否合适？涨多少才能达到多方的平衡，对于课量又基本没有影响，达到最好的效果？

培训师涨课酬不仅要结合市场需求，更要考虑机构方的心理和具体做法。因为机构要么面向终端客户也涨价，这可能导致客户方觉得机构在复购方面不给优惠；要么机构迫于客户方压力，不敢涨价，自身减少利润。客户复购和返聘时，机构可能没办法替换培训师，但对于一些新的课程需求，机构就会想方设法选择性价比更高的培训师来替代涨了课酬的培训师。这也是培训师在一些经常合作的机构中，除了合作过的客户的返聘需求外，突然很少得到新增终端客户的合作机会的原因。

以上是培训师在面对涨课酬问题时的常见心理状态，对于不同的心理状态，会有相应的解决方式，在接下来的章节中陆续分享具体做法。

第二节 课量不多和课酬不高的原因

一些从业多年的成熟培训师的课量还算不错，但是课酬没有相应的增加；而一些培训师课酬稍微上涨，就导致明显的课量减少；还有的培训师发愁同类课程的培训师课酬比自己高很多。面对这重重困惑，我们从以下几个方面分享，如图6-2所示。

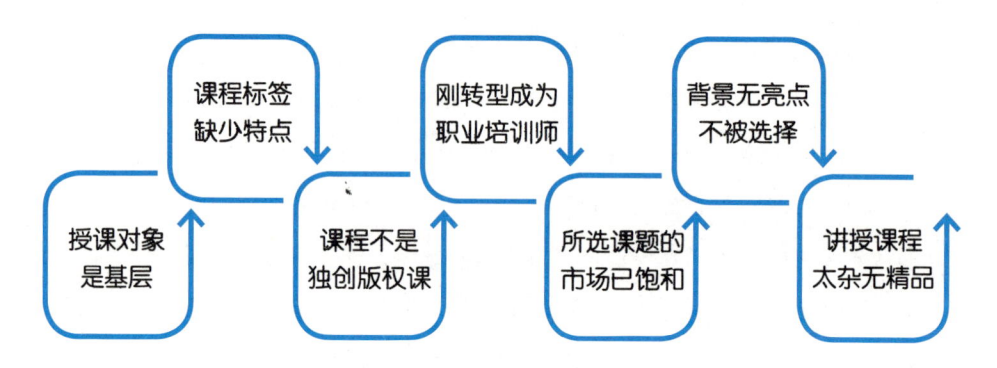

图 6-2 培训师课量不多和课酬不高的七个原因

一、授课对象是基层

一般来说，授课对象为基层的单天课酬比授课对象是中高层的偏低。当然会有个别培训师给基层讲课的课酬不低于给中高层讲课，这就不仅是授课对象的问题，也可能是因为课程效果好，有一定的客户采购作为基础保障。从另一个角度来说，课酬单价低，可能总课量高。有的培训师给基层上课，想增加单天课酬，结果适得其反，不仅单天课酬没有涨起来，还导致总课量减少了。培训师要清楚自己面对哪个层面的学员更能讲好课程，客观看待适合自己的学员的层面，不一定要追求更高的课酬单价，还可以追求课酬总量。

二、课程标签缺少特点

同一类课题的培训师很多，培训机构在有相关课程需求的时候，会优先选择与以往合作过的培训师预约排课，熟悉的培训师的时间实在配合不上，才会从新接触的同类型的培训师中筛选。如果培训师知名度不高，或者合作的机构不多，课程标签也没有特点，很难成为第一合作候选者，这会导致培训师没有讲课机会，逐渐被行业遗忘，简历中渐渐没有太多新增服务客户，就会更加被动。这个时候就要看培训师的课程如何迭代更新，否则培训师就要转换其他课程赛道。

三、课程不是独创版权课

因为培训机构的整体推动和终端客户的培训意识在提升，所以培训市场总体繁荣度会越来越高。但客户方采购的要求也在变高，特别是这几年行业内随着知识产权保护的意识逐步增强，行业中不断出现关于课程版权的纠纷，一些没有自己的版权课程的培训师，客户方合作时都会比较慎重。

培训师可以看到，与机构合作时，特别是现在线上课程增多的趋势下，合作条款中都会要求保证是原创课程，不涉及内容版权等问题，可见市场繁荣的同时，规则越来越被看重。培训师需尽快提升对于自身知识产权的重视，目前版权申请费用不高，为自己研发的品牌课程申请版权保护，不仅可以作为课程宣传的亮点和价值点，也可以减少合作方的顾虑，增加客户方和机构的合作意愿。

四、刚转型成为职业培训师

刚步入职业道路的培训师，很大一部分是由企业内训师转型过来的，所讲的课程内容很实用，但缺乏一些授课技巧，更缺少培训机构合作的信任度，毕竟培训机构安排的课程效果不理想就很容易失去客户。所以这类培训师要以拓展机构数量为目标，让利于机构，争取多展示自己的课程。课酬可以参照已经有五年以上工作经历的同类培训师，刚转型的培训师最好低30%以上。同时可以让行业内知名培训师或者第三方师资经纪做背书，与一些机构方合作，讲授一些难度不高、不在乎以往服务客户少、不需要被客户方特别关注满意度的课程，趁此机会持续打磨自己的课程。一般初入行的培训师，可以用三年时间兼职积攒案例和服务过的客户，这期间课量能达到100天以上，之后基本就能步入了课量增长的快车道。

五、所选课题的市场已饱和

有时候培训师选择的课题已经有很多同行在讲，机构已经习惯与这些培训师合作，并且这类课题的总需求量逐渐变少，市场趋于饱和；或者一些课题讲授难度不高，聚集了很多培训师，竞争比较激烈，而且有些培训师还对长期合作的培训机构给予优惠，新加入的培训师不想降低课酬，就会逐渐失去课量竞争优势。对于这两种课量少的原因，培训师要尽快更新、升级自己的课程内容，提升培训质量的同时，拓展新的渠道，或者尽快开发新的课题。

六、背景无亮点不被选择

有些培训师没有在相关行业任职过中高管，甚至没有在相关行业授课的经历，还有一些培训师是从培训机构内部成长起来的，在面对一些行业背景很深才能讲透的课题时，这些培训师被机构采购的机会相对较少，因为会被机构和客户认为没有相关的经历就没有实力讲好这类课题的想法。这类培训师可以选择职业心态、执行力、时间管理、商务演讲、服务规范、商务礼仪、团队沟通、生涯规划等通用类的课程。

七、讲授课程太杂无精品

已经授课多年的职业培训师，要聚焦自己最擅长的课题，有自己一套独特的课程内容，在擅长的课题领域内持续研发和深耕，而不是泛泛地讲十几门甚至几十门课程，还自以为能服务于各种领域的客户。哪怕有些课题不需要太多领域内的深度知识体系，聚焦深耕也不会是错事。如果为了生存，课程太杂，虽然扩展了课程的广度，课量短期可能会获得一定保障，但是课酬单价往往难以提高。培训师面对同类型课题有众多同行能讲的情况时，成为某个领域的专家，拥有精品课程，并且有很大的差异性优势，才能优先获得讲授课程的机会，才能掌握课酬的定价权，否则一旦涨课酬就会失去一批客户。

第三节　涨课酬而不减课量的关键时机

职业培训师授课一段时间后都希望涨课酬，但提出涨课酬的时机很重要。在合适的时机提出才能不减课量，可以参考以下几个关键时机，如图6-3所示。

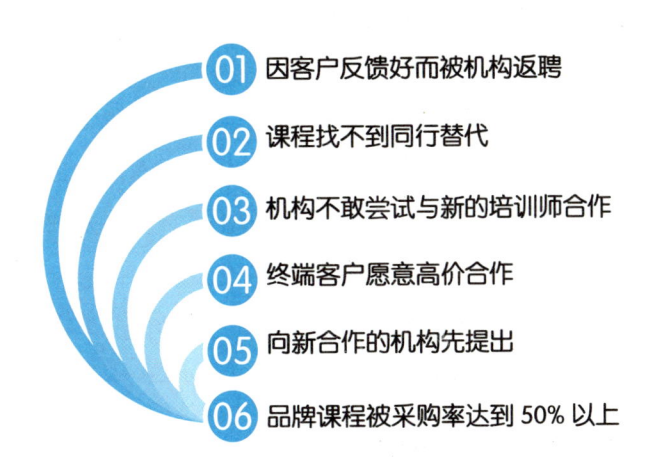

01 因客户反馈好而被机构返聘
02 课程找不到同行替代
03 机构不敢尝试与新的培训师合作
04 终端客户愿意高价合作
05 向新合作的机构先提出
06 品牌课程被采购率达到50%以上

图6-3　涨课酬而不减课量的六个关键时机

一、因客户反馈好而被机构返聘

培训师给客户方讲课后反馈很好，就可能被客户方立刻或者间隔一段时间后再次点名给同一批学员授课，或者给客户方其他岗位的员工上课。轮训项目的客户增多时，基本返聘率能达到50%以上。如果每年返聘和复购的终端客户维持在10家左右，而且每个月课量都达到20天左右的情况下，培训师就可以找机会适当增加课酬了。不过，培训师想涨课酬，最好提前6个月预通知给机构方，让相关机构方有一些准备时间，甚至做好向客户增加报价的准备。

二、课程找不到同行替代

如果培训师专注的课题领域的需求大，而且培训师的自身能力和行业背景都很强，是这个领域内最优秀的，是其他培训师无法轻易超越的，比如那些有自己的独创课程的培训师、某门课程的首讲人、首创某个课程体系的培训师，以及自创最新的培训形式的培训师，就可以要求涨课酬。

有些课程难度高，能胜任这种类型课程的培训师极少。这种培训师往往聚焦在某个细分的课题领域，打造差异化专家课程体系标签，而且也正因为看起来市场总量不大，其他培训师不愿意花精力去研发相关课程，就让这些细分领域的培训师拥有了系统化、精细化与持续迭代课程的机会，成为细分领域无可替代的培训师。在这种情况下，培训师可以尝试微涨下课酬，试探一下机构方的反应与终端客户的接受程度。

三、机构不敢尝试与新的培训师合作

培训师在同一个合作机构连续获得好评5次以上，并且培训机构习惯了与效果好的可靠培训师合作，担心新的培训师培训效果不理想，交付质量达不到客户方要求，不敢轻易冒险与新认识的培训师合作，在这种

情况下，培训师可以提出涨课酬的要求。毕竟如果新培训师授课效果不理想，交付质量达不到客户方要求，机构方不仅收不回培训费，还可能永远失去辛苦维系的终端客户，那对于培训机构来说损失更大。培训师可以要求课酬稍微高出500～1000元，这是一个让机构方不会轻易选择新培训师合作的利润平衡点。通常培训机构在时间允许并与培训师协调通畅的情况下，宁可选择与熟悉的培训师合作而降低一定的利润，也未必敢尝试与新的培训师合作。当然如果长期合作的培训师时间配合不上，或者新的培训师性价比确实非常好，培训机构可能愿意冒一下风险。培训机构选择新培训师时是有很多判断效果的标准的，砸课情况也是极少出现的。

四、终端客户愿意高价合作

第一类情况，培训师大致了解合作培训机构的利润率情况及客户方采购某类课程的预算，发现这类课程的利润空间远远高于其他培训项目，即使涨课酬也不影响机构对终端客户的报价，说明这位培训师的课酬对比同类培训师偏低，这种情况下微涨课酬一般会被接受。

第二类情况，培训师的课程讲得好，被行业和客户方认可，终端客户愿意在采购同类课程的时候优先与他合作，愿意支付比其他同类培训师更高的课酬，从而不影响培训机构的利润。这类情况下培训师也可以考虑微涨课酬体现出自己的课程价值。

第三类情况，终端客户从他的同行那里知道某位培训师讲得好，向多家培训机构提出邀请这位培训师来讲课的需求，多家机构都来找这位培训师洽谈，在这个过程中培训机构给终端的报价基本一样，甚至客户给了固定的预算标准，培训机构能谈成合作就代表着有利润，只是多少的问题，因此，这时培训机构宁可降低利润，也会与培训师合作，培训师就可以抓住机会涨一些课酬。

五、向新合作的机构先提出

有的培训师每年都至少保证有20家以上的合作机构会采购自己的课程，其中有长期合作的培训机构，也有合作2年以上固定的培训机构，采购占比达到50%，并且每年都会有新认识10家左右的潜在合作机构。这种合作机构储备，决定了培训师可以先尝试与新建立合作的机构适当提出涨课酬的要求。

六、品牌课程被采购率达到 50% 以上

培训师的品牌课程被采购率达到了50%以上，说明这位培训师的品牌课程已经被行业认可，已经成为区别于其他同类培训师的机构可以放心合作的标签，这时培训师也可以适当涨些课酬。

第四节 给培训机构留住利润空间

培训师的课酬需要稳步上涨，要避免课酬涨得太快，导致与机构的合作机会越来越少，慢慢被行业忽略。

比如，培训机构原先与一位培训师合作，有一定的利润空间，后来因为培训师要求上涨课酬，利润变为过去合作的90%，即减少了10%，培训机构在追求授课效果的情况下，是可以接受培训师课酬上涨的。但是如果培训机构的利润突然降低了原先利润的20%以上，机构就会考虑，培训效果都差不多，也能满足客户方对于满意度的评价要求，是否可以选

择其他培训师来替代。甚至如果替代的培训师足够胜任，涨课酬的培训师就有可能完全失去一个机构，此类案例在企培行业比比皆是。

很多培训机构的客户数量有限，并且与客户维持着一定的关系，也都想在有限的客户身上赚取更多的利润。培训师涨了课酬，培训机构在不能马上提高对客户方的报价的情况下，就只能压缩自身利润。有些培训机构每次培训项目都要保证利润率，低于一定利润率，营销人员甚至都没有提成，这会导致营销人员排课意愿性不强。根据这种情况，培训师在要求涨课酬时，要给合作机构留出一定的利润空间，更要给机构留出向客户方提高报价的缓冲时间，毕竟并不是培训师涨了课酬，培训机构迅速提高对客户方的报价，客户方就乐意接受的。客户方内部也有一定的审核流程，往往都会要求培训机构暂缓提高报价。因此，建议培训师想要涨课酬，最好提前半年以上告知合作机构，让机构有一个适应课酬和调整终端报价的过程。

课酬要分批涨，培训师可以先稳住长期合作的机构，比如对于每年采购量在10天以上，或者合作3年以上的机构，可以微涨或者暂时保持课酬不变，以此保证机构带来的基础课量。培训机构为了保证利润率，会跟随培训师的课酬增长，提高面向客户方的报价。如果课酬上涨幅度过大，机构报价可能会超过客户方预算，与竞争对手合作的培训机构的报价相比处于劣势，导致无法达成合作，培训机构利润就为零，培训师也就失去了这次合作机会。

随着培训师的知名度越来越高，新的合作机构每年都不断增长，逐渐替代以往的合作机构。这个时候培训师就可以尝试与新建立合作关系的机构洽谈更高的课酬，比如单价上比过去的合作机构提高5%~10%。这样既能保住一定的课量，又能使课酬的上涨对课量造成的影响降到最低。

很多时候，培训师课酬的涨幅是根据培训市场的费用规律来的，针对不同层面的学员、不同类型的课题，客户方都有一定的采购参照标准或者顶格预算，某些岗位的课程费用就是限制在那个区间的，比如一线人员培训的预算整体就是低，管理层相对就是高。因此，培训机构除了看培训师的授课效果外，还要看课题类型和授课对象。培训师涨课酬时，以机构和客户方的采购预算为中心进行考量，才会涨得更具实际性。

课酬的增长，到底是每年涨一次，还是每两年涨一次；每次到底是增长5%，还是10%，甚至是20%，不是简单地凭培训师的感觉就可以确定和对外公布的。培训师的课程满意度、课程复购率、课程的吸引力、内容是否紧跟趋势、是否是热门课程、同一客户的返聘率等众多因素，都是决定培训师课酬如何增长的基础条件。

关于增加课酬对培训机构利润的具体影响，培训师有兴趣可以向紧密合作的培训机构了解一下相关成本，并参照相关课题的终端客户参考报价测算一下。假定培训师的每日课酬涨1000元，培训机构的成本增加大约是1200元。有的培训师会承诺两三年内课酬不变化，这就为培训机构留出了未来同步涨培训费用的时间，值得借鉴。

第五节　展示优秀课程的关键语句

培训师简历往往做得各有特色。培训师需要面向机构进而面向终端客户推动项目合作成功，因此，在制作提供给机构看的简历时，要站在终端客户的角度，突出培训师自己的职业背景和课程优势，通过一些关键语句证明课程效果好，要让机构方和客户方看到简历后眼前一亮，印象深刻，让机构方和客户方对授课效果感到放心，主动产生与培训师合作的意愿。

培训师简历的关键语句要根据自身情况进行提炼，内容要体现出培训师讲课好的效果。想要让机构向客户说这位培训师好在哪里，就要通过量化数据和形容词进行描述。关键语句运用得当，培训师就可以帮机构吸引客户产生合作兴趣，最终也是帮培训师自己。下面总结的就是简历中关键语的一些参考角度，如图6-4所示。

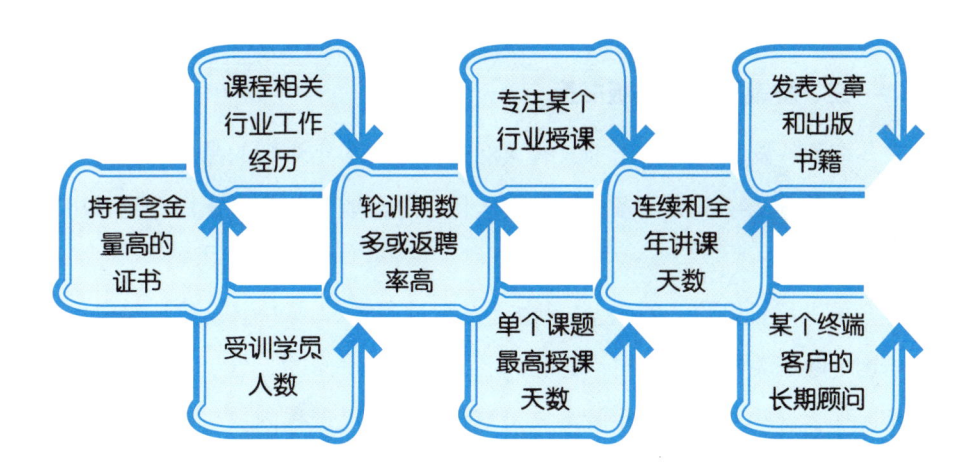

图6-4　简历中展示优秀课程的九种关键语句

一、课程相关行业工作经历

对于课程涉及的行业，培训师是否在这个行业有过相关工作经历？如果有，任职过什么岗位？在以往工作经历中，解决了什么样的问题？给企业创造了哪些绩效？自己取得了什么样的具体成绩？什么时候开始在这个行业做培训？这些靠近培训对象的背景优势，也是合作过程中机构方和客户方感兴趣的点。

二、专注某个行业授课

有些职业培训师虽然没有课程相关行业的工作经历，但是对相关行业的培训课程研究了很多年，围绕这个行业开发并讲授了一系列课程。这样在宣传过程中，培训师就可以突出专注某个行业进行授课的关键标签，于是专注于这个行业的培训机构、这个行业的客户，以及在这个行业内讲授时间长的有资历的同行等，都会因为这种定位的差异化记住这位培训师，这位培训师对比那些面向多个行业授课的培训师，就能获得更多的合作机会。

三、发表文章和出版书籍

培训师发表文章和出书具有天然的优势，多年讲授的品牌课程可以陆续整理成文字，经过多次打磨和迭代，进而成为一本真正由自己写出来的好书。

如果培训师在一些专业刊物上发布过文章，或者出版过与自己的培训主题相关的、蕴含自己思想的、并非胡乱拼凑的、含金量高的好书籍，那么这些文章和书籍就不仅是培训师对自己课程内容与实战经验的总结和升华，也是证明培训师具备深度专业知识的最好背书，能促使机构和客户更加认同在培训师相关领域的专家身份，从而形成持续认可的良性循环。

行业内的机构和客户会对出版了专著的培训师具有特别的信任感，培训师发表文章或出版书籍，不仅能在企培行业里得到认可，还能作为展现职业培训师资历的一个有效方式，更是提高品牌影响力和知名度的手段。一些书籍上会留有微信号、视频号、公众号等多种联络方式，能帮培训师获取潜在合作客户，增加潜在线下课量，是获得多种报酬的手段。

四、持有含金量高的证书

培训师需要向机构方和客户方展示，自己在授课领域具有相关学历或有一些含金量高的证书，这样可以证明培训师具备专业实力。获取培训相关证书的过程中，可以拓展授课视野。在志同道合的培训师之间，也可以通过培训班互相交流，建立高质量的人脉关系。更主要的是，这样也是在向合作方突显培训师在培训淡季并没有无所事事，而是转变为一名学生在主动学习，这样讲课时才更具说服力。甚至有些学员也考取了相关证书，于是培训师在课程中交流起来更有共鸣，同时提高了课程满意度。

当然对于通过学习获得的证书，培训师也要结合自己讲授的课程进行聚焦展示，突出几个行业内认可度高的有含金量的证书，以此证明培训师在相关专业方面在持续精进。否则展示太多没有核心主题或没有太多含金量的证书，反而会导致机构和客户对培训师的证书失去敏感性，认为培训师就是为了多获得证书才去考取的。这样不仅没有通过证书突出培训师的专业性，反而会让机构和客户怀疑培训师是否还有精力在培训课程方面进行深度研发。

五、轮训期数多或返聘率高

培训师针对一个企业客户，进行多期同样课程的培训，或者针对同一批学员，由多个不同课题的培训师进行培训，行业内称之为轮训。这种轮训越多，越能证明培训师受欢迎，因为如果第一期课程效果不理想，培训师授课就会被叫停，所以轮训期数多、返聘率高，是培训师授课好的重要证明。

六、连续和全年讲课天数

这主要是强调短期和全年课程量很大。培训师一共做过多少场培训，最多连续讲课天数是多少，某个月最高排课量是多少，不仅可以在简历中写明，配合着当时的排课安排表来呈现会更有说服力。连续授课天数多或某个月排课多，证明培训师课程很满，暗示培训师很受机构和客户的欢迎，也暗示排课最好提前进行预约。

另外培训师可以对从业以来排课的信息进行梳理。比如去年合作的课量达到多少？某年最高的课量具体是多少天？连续几年突破了多少天的课量？某个行业全年讲授了多少天？某个品牌课程去年或者一共讲授了多少场次？首创的某个课程已经讲了多少场次？为某几个典型的客户最多讲授了多少天？今年主推的新爆款课程已经讲授了多少天？这些授课天数的数据完全可以写在介绍中，如果能突出具体哪一年、有哪些具体的客户见证或者有哪些详细的课程安排表，就更真实，更有说服力了。培训师可以通过过往课量多少，暗示自己擅长的课程是哪个，重点授课的行业是哪个等信息，这些数据能有效提升培训师在企培行业的受欢迎程度，并通过加强信任感来快速增加合作机会。

培训师也要注意在简历中不要宣传太过夸张的课量，不要让别人能明显感受到数据有很大的水分，避免被行业内人士质疑存在明显不合理的情况。

七、受训学员人数

受训学员数量的量化数据，也是体现培训师专业能力、吸引机构和客户关注的关键语句。比如"从业以来受训人数达到5万以上"这种数据，很能冲击机构和客户的眼球，因为按照培训师每年100场培训课程，每场学员60人左右计算，5万人以上受训学员说明培训师至少有10年的授课经历。

受训学员数量的多少往往是与培训师从业年限、授课天数相互印证的。受训学员数量能让客户真正明白，培训师已经从业多年，一直在讲这几门课程，课程质量没问题，每年的课量是饱和的。讲授的某个课程已经在行业内讲了很多次，证明培训师的系列课程受欢迎度高。受训学员数量这个数据能够很直观地体现出培训师的实力，数量很多说明是一位行业资历比较深的培训师。

八、单个课题最高授课天数

一个课题研发的系列课程最多可以讲多少天，或者能否根据需求针对性定制出1天、2天的课程，代表着培训师的课程开发功底是否深厚。有的培训师甚至可以定制10天左右的集训和长期指导课程，这样的标签展示给机构和客户，就能留下培训师具备专业研发能力的良好印象。

九、某个终端客户的长期顾问

有些培训师会深度参与客户方的课题研发，以及参与试点项目的落地推动。有的培训师担任客户方的全年顾问，甚至被某企业总部或集团总公司指定合作，这样的培训师在竞争中能占据优势。

有些培训师的课程会多年被某企业或某高校商学院采购，甚至某企业或高校商学院会给培训师颁发聘书，这些都成为受欢迎的课程的背书。这不仅仅是培训师实力的象征，更说明培训师在某个课题领域很专业，甚至说明培训师解决问题的能力很全面、具备创新思想。机构方和客户方看到培训师曾经成为同类型客户的全年顾问这种口碑背书，会更加信服培训师的专业能力，进而增加培训师的排课量。

第六节　与机构联系的两个阶段

很多培训师表示自己认识很多机构，联系多年但一直没有合作，不知道什么原因。其实原因很简单，就是培训师在与机构认识的这些年，没有真正用经营自己的思维推广自己的课程，也就是培训师没有让机构记住自己能讲哪些课程，没能让机构放心自己的授课效果，也就不能与更多的机构合作。

培训师想要让机构愿意尝试与自己合作，可以分两个阶段去做，如图6-5所示。

初次介绍透彻，突出优势和亮点　→　长期强化效果，持续增加好感

图 6-5　如何使得机构愿意尝试与培训师合作

一、初次介绍透彻，突出优势和亮点

培训师与机构方初次认识时，往往没有向机构方透彻地介绍自己。比如有的培训师只是发了课程包，报了课酬，机构方往往只说收到，期待未来有合作，甚至连课酬都没细致洽谈。在这个过程中，机构方并没有进一步了解培训师的情况，甚至可能都没有打开培训师的简历和课程包。

有的机构会向培训师要授课视频了解其风格，培训师如果暂时没有，之后机构也不会追着培训师要。或者培训师把视频发给机构，机构

也没有进一步与培训师沟通，要么是没有细致看视频，要么就是感受了培训师的风格后，对于合作不感兴趣。如果培训师也没有进一步向培训机构要反馈，那么之后往往就不会再联络了，双方仅仅是把联系方式存在手机中，而培训师没有进入机构的师资库中。这些基本都属于培训师没有向机构方透彻介绍自己的情况，之后合作机会也就渺茫了。

培训师要抓住与机构初次认识的契机，即使发过详细介绍和课程包等相关资料，也不要止步于此，可以线上与机构再对自己的课程风格、行业背景、授课经历、每年总课量、最擅长课程等进行介绍。不过，培训师在授课类型和范围的介绍上要懂得取舍，主推自己的一两门课程，让机构方在最短时间内能充分感受培训师的课程全貌，尽可能让机构对自己的授课专题有明显的标签印象。这样才算一次介绍透彻的成功接触。

要注意的是，培训师第一次发送课程包时，不管是通过微信还是邮箱发送，发送时编辑的文件名要便于机构通过关键词搜索到；一定要通过单独的文字对自己的课程有一个优势和亮点的描述，而不是简单地发送一个课程包，说一句"请查收惠存，期待合作"就结束了。

培训师要站在机构角度，通过对于自己课程包内容的相关描述，让机构在打开课程包详细了解自己概况之前，就能快速简洁地知道这位培训师讲哪些课程，品牌课程是什么，职业背景怎么样，行业授课经历有哪些，风格特点是什么样的，主要服务于什么行业等。第一印象一定要深刻。

二、长期强化效果，持续增加好感

长期强化效果，是指培训师与培训机构未正式合作前，经常强调自己某些培训项目效果好的行为。有些培训师与机构建立关系后，往往想着机构有需求会主动找培训师，有的培训师为了身为师者的面子，不愿主动与机构进行交流和互动。可靠的培训机构往往认识很多培训师，每年新合作的培训师有限，而且都是优先与熟悉的培训师合作，那么与机构初次接触的培训师本身，就需要与机构长期互动，定期主动给机构发一下上授课的照片、授课的短视频、客户方或者学员的评价、每个月的排课表、排课最多的课程、最新研发的课程等，以此证明培训师一直在讲课，讲得很好，课量排得很满，并展示自己擅长的课题领域，以达到持续让机构方增添好感，进而主动寻求合作的目的。

第七节　美誉度促进机构主动合作

培训师需要用更多的时间和精力去持续提升自己的口碑声誉，成为机构方和客户方愿意主动合作的、受学员喜欢的培训师。下面是一些行业内对培训师的美誉度的参考要求，如图6-6所示。

一、课酬标准简单和战略合作优惠

前面提到过培训师在各种情况下可以设定不同的课酬标准，然而机构方还是更喜欢比较简单的课酬标准，这样容易记住并且给客户方报价时更直接。有些培训师课酬标准特别多，往往自己都不记得了。另外，考虑到整个企培行业的税务筹划问题，培训师能提供发票给机构就更好了，这方面培训师有兴趣的话可以请教税务方面的专家。

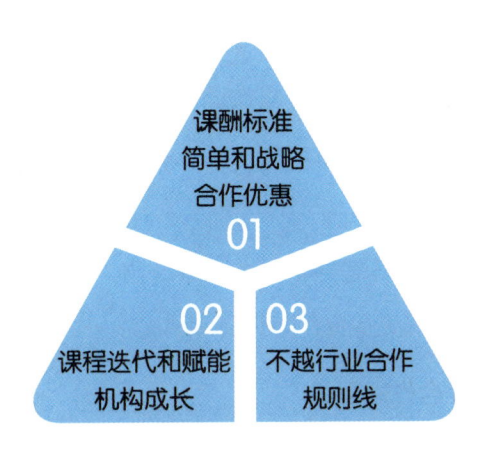

图 6-6　培训师美誉度的三种要求

培训师可以给予战略合作机构一定的课酬优惠，或者课量达到一定数量后，赠送一两天课程，这样会让关系好的机构方更具备竞争力，增加培训师排课效率的同时促进了战略合作。机构也会为了获得赠送机会，主动多排这位培训师的课程。如果是大咖级的培训师，在课量很满的情况下，可以不用考虑战略合作的课酬优惠模式。

二、课程迭代和赋能机构成长

知识更新的速度越来越快，培训师最多半年就需要迭代一次自己的课程，不一定所有课程都迭代更新，课程体系可以不需要大的改动，但是培训课程的一些相关案例、场景工具是变化很快的。丰富再经验的培训师，如果半年内不更新和打磨课程，有些课程内容和相关案例也会过时。一些成熟的培训师在课程开发中，还会结合当下培训热点。机构和客户方对于培训师课程的过时是会有感知的，所以培训师要及时更新课程资料，并及时传输给机构方和渠道方。

培训师可以发起一些公益活动，为各类机构分享一些专业知识，赋能机构的团队能力的成长，进而分享自己的典型和最新课题。对于经常合作的机构，培训师可以免费给他的客户提供一些学习机会，当然可以设定简单的学习条件，甚至可以与客户一对一绑定，联合研发定制，建立各类更有深度的辅导渠道。

培训师只有时刻具备辅导机构的思维，与之合作的机构才会更具备竞争力，双方才会获得更多合作的机会。

三、不越行业合作规则线

培训师最核心的身份就是在终端客户面前，作为某培训机构专职培训师或者签约培训师的身份。面对机构方的客户时，培训师不是自由培训师的身份，不能抢培训机构的风头，不要谈论机构方的负面信息，在未征得机构方同意情况下，不特意宣传培训师个人的其他业务，也不特别宣传与其他机构合作的课程，特别是不要引导客户和学员购买一些线上课程。

培训师要做到不越行业规则线。在企培行业的生态环境中，机构的存在有它的必要和道理，况且有的机构赚取的利润并不多。越是在利益面前，越考验培训师和机构共同的行业原则与底线。

有一种情况是机构方向客户推荐一位培训师来讲授某个课程，而客户方以前就认识这位培训师，只是没有合作过，于是希望直接与培训师合作。在这种情况下，培训师如果确认是机构方做的推荐，并且机构已经提前与培训师打好招呼和报备，那么培训师最好通过机构来建立与客户方的合作。因为如果培训师直接与客户方合作，客户方就会觉得没有中间环节，课酬可以相对给低一些，而培训师还要主动承担原本由机构做的很多事情，最后培训师可能会发现，对比付出的工作量和结算的课酬，自己是亏了的。

我是非常鼓励培训师有自己的公司的，最主要的原因是这样与机构合作结算课酬更方便。当然培训师也可以直接面对终端客户，但是一定要有合适的业务合伙人配合。否则培训师讲课的同时要承接业务，刚开始可能比较容易，因为客户会奔着培训师的名头来合作，但后期其实是很烦琐的。企培行业各个环节获得的收益都有一定的复杂性，没有表面看起来那么简单。培训师把精力花在开发客户上，千辛万苦找到了客户，却因为付出了太多精力，导致在课程的开发和打磨上无法专注，没有提供给客户满意的课程和服务，反而会影响作为培训师的口碑和公司的运营。

还有一种情况是，客户对培训师高度认可，期待再次与培训师合作，甚至希望直接与培训师合作。这种情况下，培训师要做到不越过行业默认的红线，不违背以往推荐成功的机构与老客户合作的承诺，持续通过这家机构与这个客户进行合作，在未来一段时间内和特定情景下不跟客户直接合作。但如果之前合作的机构方已经不做这个行业了，或者客户方因为某些原因不愿意与之前的机构再合作，甚至这个机构一年以上都没有再与这个客户合作了，再持续通过这个机构与客户合作也不现实。一般行业通用做法是，一年内不直接合作，一年后再灵活性地考虑如何合作更合适。针对有些行业规则，培训师有所不为才能有所为，毕竟培训师与某个客户直接合作的周期和总课量有限，机构才是最重要的合作伙伴。

行业有很多交流群，经常看到一些人分享那些遵守或者不遵守行业规则的事情。分享培训师优秀之处的，能给培训师带来广泛的好口碑，其他机构也会敢于与这位培训师合作。分享培训师不遵守约定的，也会导致培训师的口碑不佳。当然有时候也不一定全是培训师的问题，这些培训师也会因此被部分不知内情的机构一起拉入黑名单。目前企培行业的很多合作细节并没有统一的国家出台的标准，所以需要按照行业内的一些习惯性约定来提前说明合作原则。培训师在这方面的职业操守，会对机构合作产生长久性的影响，很大程度上仅次于课程效果。

好的口碑能带来课程"被动转介"的机会。经常有朋友在一些行业交流群内询问某个课题哪位培训师讲得好，培训师人品怎样等，这种情况下推荐人与被推荐人之间可能不熟悉，也没有利益相关，只是响应一下行业交流群中的消息，就为优秀培训师做了推荐背书。被推荐的培训师可能并不知道谁帮助推荐了自己，肯定了自己的课程口碑。

在一次针对培训机构和培训师的调研中，调研方征集了培训师与各类机构打交道时，认为除课程效果外，双方在合作中优先关注的细节。以下是机构方与培训师共同关注度比较高的细节：

1. 人品好，服务意识好。
2. 长期合作机构课酬优惠。
3. 给予培训公司发展建议。
4. 对食宿要求不太过分。
5. 好打交道，不斤斤计较。
6. 协助机构做线上专业分享。
7. 不跨过机构直接与客户合作。
8. 授课过程中适当帮机构营销。
9. 协助机构远程指导，帮助促单。
10. 合作时沟通很轻松，没有架子。
11. 协助延伸机构方与客户方的培训需求。
12. 协助机构根据需求设计针对性方案。
13. 实际解决业务需求，注重培训实际效果。
14. 尊重每一位学员，内容让学员感到实用。

15.增强客户的忠诚度，回购率高，为机构带来效益。

16.不提出超出机构制度的条件，并配合机构推广。

17.课程结束后，机构建立互动群，培训师自愿远程跟踪辅导一段时间为学员答疑，力求培训落地，给出解决方法和工具。

18.注意个人言行举止，符合培训机构对外的专业规范要求。

19.帮助机构梳理客户需求，共同探讨和定制培训营销方案。

20.向机构提供比较多的自己以往的成绩和获得的好评。

21.培训后进行总结和分析，便于培训机构掌握情况，为以后的课程提供支持。

22.配合培训机构按协议要求将培训任务实施到位，力求客户满意以及培训效果达标。

23.征得机构允许的情况下，愿意给学员留联系方式，帮助学员解答日常工作的问题。

24.及时向培训机构提供客户反馈及其他诉求信息，同时协助必要的培训课程研发工作。

25.能站在培训机构的角度做好客户关系的维护，用培训服务提高客户复购率，增加客户黏性。

26.愿意提供学员版本的PPT课件，甚至提供讲师版的PPT课件。培训师是跟学员分享知识的，既然想教会学员知识，就应该乐于分享课件，当然涉及培训师知识产权和敏感图文等资料的除外。

第八节　对机构的层级管理与维护

培训师的课量和课酬增长非一日之功，很多职业培训师课量不饱和，对课酬单价也不满意。这往往不是因为培训师不优秀，而是因为没有找到适合自己的排课机构。机构不适合，获得课程的机会少就。要解决这个问题，培训师就要找到足够数量的能经常合作的机构作为排课基础，根据合作深度建立机构层级，做好各层级的机构管理与客情维护。

有的培训师经常感叹自己与其他培训师水平差不多，讲课内容也基本一样，为什么其他培训师课量那么多，自己的课量却这么少？原来经常排课的机构，突然很久没有排新的课，是自己讲课不好，还是有其他原因？有可能是因为这些机构的合作客户可能都采购过这个培训师的课程了，甚至有的机构的客户已经被这位培训师充分轮训过。而这位培训师开发新课程的速度慢，经常合作的终端客户要避免同批学员接收重复培训，于是安排其他培训师来讲授。

即使培训师的课程开发得很快，讲得也很好，培训机构也会认为需要换一些新的培训师进行合作。毕竟不能使一个客户几年内的培训项目中，相关的课题都由同一位培训师来讲，这样很容易导致学员产生学习上的"审美疲劳"。由此可见，如果培训师主动开拓的机构客户量少，就会出现长期合作的机构课量饱和的情况。

培训师只有持续不断地增加各类合作机构的基数，才不至于因为个别机构与客户合作安排的原因，突然收缩对自己的排课量。特别是现在的培训机构一般会专注某个行业或者针对某个特定区域做培训，客户方稍微有变动，对于机构营销的影响就很大，进而影响到培训师整体排课。

培训师期待始终有稳固的课量，这最终都取决于各个层级的机构的基数及对机构的精细化管理。

假如培训师想要年均课量达到100天以上，这个课量算是相对优秀的培训师的基本课量，那么这个课量需要多少家各层级机构的支持呢？我与大量培训师交流后，大致测算出一个参考数据，如图6-7所示。

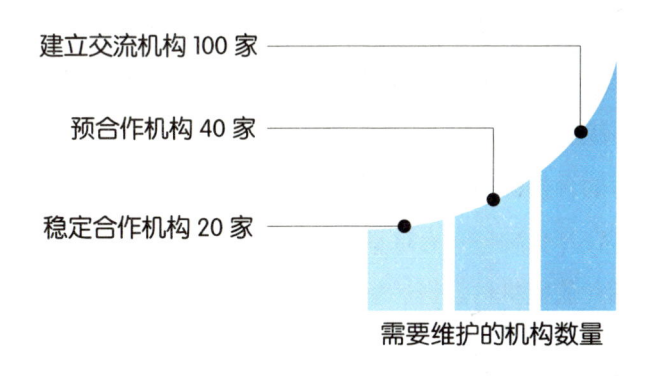

图 6-7　培训师各层级需要维护的机构数量

经过与行业众多培训师的交流测算，大概需要20家左右合作稳定的机构来完成，平均每家机构完成5天左右的课量。有了这些稳定且高度信任的合作机构，培训师课量的稳定性就相对较高了。想要保证每年有20家以上的合作机构基数，培训师需要深耕的预合作的机构至少需要40家。对于这个层级的机构，培训师最好趁着在各地方讲课的空隙，进行线下见面交流课程合作，或者线上与机构的团队成员进行深度展示交流，这样在机构方有相关课程需求的时候，就能作为预合作培训师之一主动与其对接。想要保证有40家的深度预合作机构基数，微信建立交流的机构的数量要保持在100家以上，对这些机构要充分展示过自己的课程，或者大部分线下都见过，这样未来课量的保障才是相对稳定的。

还有一种测算方式是，如果培训师期待年度课酬达到百万，按照目前单天课酬计算，需要完成多少天的课量？以此推算，需要保证多少家合作机构？需要深度链接多少潜在机构？需要多少建立联络的机构？

培训师可以根据自身目标规划各层级机构的情况，合理且持续储备各层级机构，更可以按照培训淡旺季来规划，课量多的时候以讲课结合宣传为主，课程空档期可以新增合作机构基数，并以维护潜在合作机构为主，这样培训师不至于在培训淡季太过焦虑。可见，职业培训师的重要工作之一就是持续储备合作机构数量。

培训师的合作机构可以分为三类：优质机构——每年保证有基本稳定的课量；合作机构——有过课程合作的机构；潜力机构——建立联系并时常互相交流的机构。当然培训师也可以梳理分析自己以往的习惯，优化机构管理细节，以保证培训师每年课量稳定达到目标。当这个机构层级体系建立后，每年培训师就针对不同的机构层级稍微增加即可，不需要像一开始那样花很大精力去维护，课量也会越来越稳固。

培训师不仅要追求各层级机构的数量，更要关注合作机构的质量。因为培训机构往往会专注一个或者几个重点企培领域，培训师需要精准匹配到与课程领域相关的培训机构，需要付出一定的精力去维护，这样合作概率才会相对更大。

还有一个涉及机构维护的场景。企培行业有很多师资需求对接群、资源交流群等，群内经常有机构发布需求，培训师可以根据自己的擅长课程去匹配需求，最好去主动链接需求，推荐自己能胜任的课程。通常做法是在群里直接响应，表明自己能讲这类课题，然后再主动加机构方联系方式，建立联系。

很多培训师的过往印象是机构应该主动联系培训师，而现在需要培训师自己放低姿态，主动联络机构争取排课。有些培训师在交流群里主动对接机构寻求合作时，本来信心满满，最后却没有成功，会认为自己被其他培训师比下来了，面子上不好看。其实虽然这次对接的机构没有合作成功，但是从另外角度看待，培训师可以让一个新的机构认识自己，且原来认识自己的机构也会因为这次互动加深这位培训师擅长某个课程的印象。这样培训师就能变相地在群里让更多的行业朋友知道自己大致讲什么课程，往往会给之后的合作带来机会。这样的主动联络，后期的潜在收获是很大的，至少增加了潜在合作的机构数量，强化了已经建立联系的机构的课程标签印象，增加了一定范围内的行业曝光度。

机构基数的增多，也给培训师增加课酬提供了可能性。一部分培训师的课酬之间相差1000～2000元，但授课效果相差不太多，在不是同场比拼的情况下，很难判断哪位培训师的效果更好。课酬差别的一个重要因素，往往是有些培训师没有足够的合作机构基数，也就没有底气涨课酬。

针对不同层级机构的维护，培训师需要用不同的维护策略。比如，针对普通机构，可以进行线下集中公益分享，并在线上社群及时进行课程信息互动答疑；对于有一定合作量并且潜力大的机构可以一对一内部指导，定分享期课程包等；针对一些每年多次合作的机构，特别是一些虽然某个周期合作量少，但是会帮助转介他的行业朋友的优质机构，可以送个小礼物表示感谢。

与优秀机构长期建立优质的助力关系，比不断开发新的机构，更能带来持续稳定的课酬增长，还能减少自己在拓展机构上花的时间和精力，更能减少节假日之后等时间节点培训师没有排课的焦虑。培训师要明白，不是所有的机构都会产生合作，不需要针对所有的机构都花同样的精力，有些层级的机构合作成功率很低，只做简单的维护就可以。

对机构的维护，培训师还要结合目前授课的课程趋势，梳理机构与自己的课程的合作情况。比如第一次合作的机构有哪些？未来可能会有哪些合作过的客户持续采购某些课程？哪些终端客户还会通过机构返聘？采购量最多的课程是哪个？复购率或者返聘率最高的机构和客户分别是哪些？哪些课程属于采购量越来越少的夕阳课程？哪些机构的课程合作量是持续增加的？哪些机构可能会再合作？哪些是不仅互相合作，还能帮忙转介给其他渠道的忠诚机构？哪些合作机构第一次合作后没有复购，原因是什么？目前自己课程的市场需求度怎样？需要做哪些内容和课程的更新迭代？对这些问题进行梳理分析，培训师才能在对合作机构进行沟通维护时做足准备。最后，培训师可以根据与各个机构合作的顺畅度和成功率，持续寻找与自己"有缘"的好机构。

第九节 增加课量和课酬的路径

从培训师综合情况来说，职业培训师似乎并不像大家想象的那样受人尊敬、时间自由、桃李满天下，收入还很丰厚。其实培训师是个自律性要求很高、相对来看并不是很自由的职业，并且永远无法"赚大钱"。企培行业中，单天课酬过万、全年课酬过百万的培训师并不多，而且培训师之间的课酬收入往往相差甚远，最高到数十倍，即使是同类课题的培训师课酬也可能相差几倍。

本书分享的职业培训师增加课量和课酬的核心逻辑，不是简单地所谓加大宣传就能达到百万年薪。培训师还是需要有优质的创新内容、高超的授课技巧，再结合自身现状，考虑在现有的课酬和课量范围区间内，通过其他培训师分享的经验来增加课量和课酬。比如课量增加20%，或者课量能保持在150天以上；比如课酬单价增加10%，或者综合收入提高20%以上。接下来从以下几个路径进行具体分析。

一、培训形式与整合

师者，有传道、授业、解惑的职责和义务。培训师训前要思考，如何通过传授知识帮助学员解开疑惑，达到员工态度改变、技能提升的目的，并注意要解决客户的哪些问题，以确保培训效果的达成。

一直以来，大多数培训项目以线下集中授课为主，培训师只能按照线下授课的具体时间结算课酬。但是随着企培行业竞争越来越激烈，培训师如今既要拥有优秀的授课能力，还需胜任更多的角色，比如促动师、引导师、咨询师、顾问辅导师、项目督导师、项目设计师等，甚至需要整合更多的培训方式和教学资源，去完成一个线上＋线下混合式的、内部导师＋外聘培训师合作的、集训＋长期培训有机结合的综合性训练营类闭环项目。

丰富的培训形式和内容设计可以增加学员的学习乐趣，更影响着学员的学习效果。当然培训形式不是简单地在培训中穿插案例、游戏互动、分组呈现、录像点评等就可以，而是要针对企业培训需求设计完整的培训管理计划，比如考核标准和成果验收、贴近业务的持续监督等。这样才能调动学员的积极性，让学员参与工作中的意愿更强，强化培训效果，最终改善和提高客户方的公司业绩。这样一来，企业也愿意为更好的效果产出而去采购课程，并且形成良性趋势。

为了让培训效果更加显著，一些周期性的培训项目在开训前就需要介入督导预热。比如，前期线上培训师要帮助学员了解本次培训项目相关的知识体系，提前宣贯培训纪律和培训规划概要，给学员布置一些专业性的思考作业，让他们自主完成基础知识点的预习，还可以提供本次培训需要阅读的主题书籍，进行一些基础能力的课前测试，学习线上课程或者直播课程，并让学生提交本次培训相关的研究课题。

提前学习，可以为培训现场的知识输入做准备，方便培训师对学员培训前遇到的问题进行答疑和指引。培训师还可以设计"以赛促学"的竞赛规则，以考核激励措施促进项目落地和创新。一个好的培训项目想要呈现出好的效果，不仅课程呈现要好，还要在课后通过增加作业让学员对培训师讲的内容加以针对性练习。比如在培训后增加作业比赛等练习形式，好的竞赛机制可以激发学员的学习热情和工作行动力，使学员成长得更快。

课程中期，线下不仅要进行集中讲授、训练通关和教学评估，还会将课程学习内容分成多个线下集中培训阶段，并结合非线下的空余时间，满足客户线上学习的需要。培训师可以根据阶段做多次的线上微课和直播课程的培训，以课堂运营来引导学员技术和训练通关，并布置阶段性的面向工作任务的实践作业，跟进辅导和点评，持续给出执行改善建议，促进目标计划达成。像这样设计成多个阶段课程的多次循环方式，会使培训效果更好。

课程结束后，培训师应该对学员的学习效果进行评估和考核，包括学习应用成果展示、培训结业汇报、提交综合性培训评估报告、收集改善建议、设计实战行动计划、提交实战报告等。课程结束一段时间后，培训师可以提供定期线上答疑巩固、追踪督导学习、指导培训任务的落地等服务，形成完整的培训流程。

还有一个重要的巩固学员学习成果并带来课量机会的方式，就是内部的"以教代学"，让学员进行内部分享和转训。培训师可以安排优秀学员对学到的知识进行内部转训，覆盖更多的同岗位和新入职员工。转训人员会对学到的知识进行充分的吸收和转化，强化学习效果。培训师通过对转训人员的强化培训，提升其转训的技巧，也获得了一定的课量。

培训师通过丰富的培训形式，加深学员学习印象，强化培训质量和效果，更深度、全面地达成培训的目的。对于在某个领域具备很高专业度的培训师来说，带来了课量增加的机会。培训师根据不同主题和学员的特点，运用各种类型的培训形式，有针对性地在培训后让学员坚持线上学习打卡，追踪督导和解决辅导学员工作过程中的难题，可以将培训项目的整体周期拉长，会产生非独立线下授课的综合性报酬。

培训师、助理讲师、班主任等工作的职责是可以互相有效搭配的。客户方一般不太清楚这种行业内的划分，不太了解培训师、助理讲师、班主任的实际区别，特别是不了解课酬方面的差别。于是培训师就可以进行专业性的总把控，机构团队成员则协助培训师做好日常培训的管控。这样不仅给客户方提供有流程、有策略、有步骤的能实际落地解决问题的培训项目，达到学员学以致用、把培训知识转化为具体的实战绩效提升的效果，更给培训师带来除课程课酬外，参与整个项目长期指导的分配收益。因此，培训师不能只做大课培训师，还应该成为能真正帮助解决问题的咨询师，用项目思维来实施培训，使培训价值最大化地体现在客户方企业增值和对学员实实在在的帮助上，同时也保障利润最大化！

培训形式不一定适合每个培训项目，每种培训形式都有其优点和弊端，培训师可以根据自己的课程风格和习惯先进行定位，使课程运用的培训形式越多就越好。同时在面对不同的主题和学员时，结合客户方的要求、培训时长、学员的现状、培训的场景、培训目标等选择合适的培训形式。培训师选择自己最擅长的、能熟练运用的、最适合自己和项目的培训形式组合，对提升培训效果非常重要。培训师也可以设计一套自己原创的培训形式，加入一些创新的教学元素。在有充实的培训内容的情况下，培训形式会助推培训项目更具吸引力，会对培训效果起到事半功倍的作用。

下面是部分项目的培训形式组合，供大家参考，如图6-8所示。

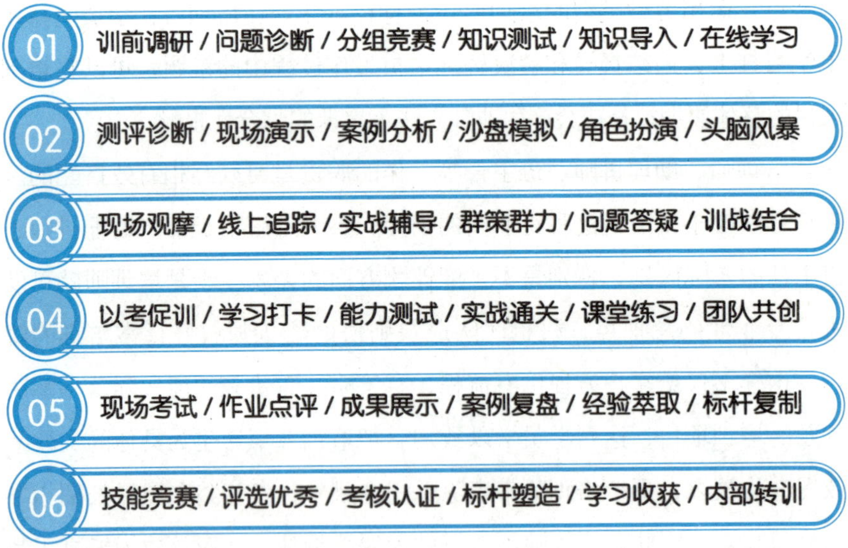

01	训前调研／问题诊断／分组竞赛／知识测试／知识导入／在线学习
02	测评诊断／现场演示／案例分析／沙盘模拟／角色扮演／头脑风暴
03	现场观摩／线上追踪／实战辅导／群策群力／问题答疑／训战结合
04	以考促训／学习打卡／能力测试／实战通关／课堂练习／团队共创
05	现场考试／作业点评／成果展示／案例复盘／经验萃取／标杆复制
06	技能竞赛／评选优秀／考核认证／标杆塑造／学习收获／内部转训

图6-8　部分培训项目形式的设计元素参考

二、联合研发与磨课

一种情况是，一位既能讲课又能做课程研发的培训师很难把两件事都做周全，或者有些培训师擅长讲授，有些培训师擅长开发课程。还有一种情况是，课量多的培训师忙着到处讲课，没有时间更新或开发课程，结果因为课程内容过时、知识陈旧，影响了培训效果。基于这两种典型情况，培训师之间就可以形成一个研发与讲授课程按不同比例分配收益的模式，这样培训师间就可以优势互补，快速实现高综合收益。

有些优秀的培训师可以组团，带领一些入行不久想学习某些课题的培训师一起磨课。优秀的培训师也可以从想学习的培训师那里按照学习天数进行收费，或者对授权课程、合作课程等按照约定进行课酬收益分配，这样一些影响力大的培训师能获得更多自己讲授之外的课酬。

三、团队承接与参股

一些优秀的培训师不仅具备一门课程的研发能力，更具备整个培训项目的研发能力。有些培训项目无法由一位培训师完成，而是需要一个培训师团队同步完成。有些培训师会互相协作，来承接机构的外包项目，慢慢就会形成以某位培训师为核心的培训项目团队，这种团队往往能完成培训方案制作、培训项目执行、培训后期总结汇报的全部流程。这种情况下，一些导师就可以依靠自己拥有多位培训师的团队优势，按照整体承接的方式与机构方完成项目合作，然后按照约定让多位培训师获得相应收益。

慢慢互相合作多了，专业培训师团队不仅可以按照整体承接的方式收取课酬，还可以通过基础课酬＋利润分配的模式收取课酬，机构方做好客情维护即可。甚至有些机构愿意与培训师以换取股份的方式合作，培训师可以用自己的课酬换取可靠机构的股份。这样优秀的培训师就不仅能靠自己讲课赚取课酬，还能通过自己培养的培训师团队承接整个项目，使培训机构按照整体收益比例获支付更多课酬。

因此，部分培训师想获得更多的收入，就可以建立自己的团队，开办培训机构，其主营业务可以聚焦新培训产品研发、职业培训师培养、发挥导师专业度高的优势，不一定就要开办直接面对终端客户的机构。不过要注意，开办培训机构需要有大量的客户资源，并且有核心的营销合伙人辅助完成客户对接、方案撰写、项目执行、总结汇报等经营事项，还要能持续拓展新客户，否则机构的经营收入会像坐过山车一样，在某个周期达到收益高峰，在某个周期又会跌入收益低谷，而对比培训师讲课来说，这种低谷有可能是长期性的。

对于参股合作的培训师与机构双方，一定要有明确的培训收益的核算与分配方式，以及对工作量投入的要求，以便在未来不合作的情况下，拥有退出机制等规范双方的措施，从而达到多赢的结果。

四、终端顾问与定制

大部分职业培训师都是靠每一次的授课赚取课酬，如果没有课程去讲授，就没有收入来源。培训师联合面对终端客户的培训机构，可以引导客户方做常年咨询顾问项目，或者可以成为客户的战略伙伴，然后培训师与机构约定收益分配模式。如果有这样一个稳定的收益方式，会使培训师的收入更有保障，心里更踏实。培训师可以在一些免费的课程结束后，先有意识地在一段时间内针对客户进行专业知识持续提升指导、能力固化追踪、问题答疑等多种方式的引导，让客户感受到这种持续的顾问支持方式，能产生更大的培训转化收益，从而让客户后续衍生出月度、季度或者年度顾问的需求。培训师一旦做一次企业顾问，往往只要能力允许，就能持续做很长一段时间，因为企业在不断发展的过程中，会不断出现问题，就需要聘请培训师做长期的顾问指导。

而且培训师有了顾问这个身份，就可以参加客户方的一些战略和日常会议，深度了解终端客户真实的经营管理策略，持续解决客户问题。即使顾问费用可能不高，但是培训师可以获得更多原始案例素材，让自己的课程与客户方的实际情况不脱节，为自己持续讲好课、做好培训项目做相关案例素材储备。现在很多案例式的培训课程很受客户方欢迎，而且这种课程的课酬溢价很高，对于培训师来说可谓一举两得。另外，作为企业顾问时，培训师要清楚哪些信息是需要保密的。

能做终端客户的长期顾问的职业培训师，往往在专业性上都上升到了导师的级别，有些长期的项目可以通过自己培养的新培训师来协助完成，充分发挥组合优势，互相交叉整合，聚集专家资源，这样可以从多个客户那里同步获得长期顾问性收益。

有些企业刚开始没有太多的培训经费，甚至会期待培训师与企业"陪跑"，并发展成合作伙伴，由培训师通过长期咨询来解决企业问题，使企业快速发展，最终获得一些企业增值成果。

很多企业拥有企业大学，也希望与职业培训师共同建立师资队伍，引进导师开发的原创版权课程，甚至与内部师资联合定制开发版权课程，共享版权课程开发的生态红利。这样不仅能满足企业自身的人才成长和学习的需要，还能面向其他企业满足培训的需要，甚至可以面向企业所在的整个行业，提供专业人才培训和生态链赋能服务，比如海尔大学、淘宝大学、建行大学、华为大学等。很多企业都会开办自己的大学，职业培训师通过紧密地参与这些企业的培训项目，也可以为自身带来增课的机会。

有些成长型的企业，在支付培训师的培训报酬上有压力，因此，很多企业愿意用股权作为培训师的报酬，或者愿意跟培训师达成协议，在培训师帮助他们获得一定业绩发展的情况下，按照收入或者利润的一定比例，支付给培训师报酬，这也打破了传统的培训费支付模式。这对于培训师来说也是个很好的机会，鼓励培训师更有动力去辅助企业收益最大化，与企业深度融合，伴随企业发展，获得相应的回报，达到企业与培训师双赢的结果。

五、新师徒制与签约

一些足够优秀且积累了一定的机构渠道资源的导师级培训师，可以尝试以彼此成就、教学相长的理念培养新的培训师，而不称呼徒弟或弟子。导师可以允许他们跟学你的课程，对于他们讲授的课程给予指导，把通过认证的版权课程授权给其他培训师讲授，还可以把新人培训师推荐给自己合作的机构。

导师与新人培训师可以通过这种方式互相绑定一定的时间，以3～5年作为一个约定阶段为宜，前1～2年导师多花精力指导新人，后3～4年导师分享新人成为真正培训师后带来的收益，导师可以一次性收取有潜力讲师的培养费用，也可以设置成长期，按照课酬抽成的方式收取费用，并且逐渐降低导师的比例。因为新晋培训师的课酬不断增长，导师降低课酬抽取比例，也能够保证自己的收益基本不变，甚至因为课酬基数高，抽取的金额仍然提高，这种方式新晋培训师更愿意接受。同时也能增加导师的成就感，因为导师除了获得自己讲课课酬外的收入外，还帮助了更多新培训师获得了成长。

并不是所有的新晋培训师经过导师一两年的培养，就能成为一位课量在100天左右的职业培训师，有些新晋培训师成长得慢。导师可以承诺，持续复训的新晋培训师只需要承担一部分场地费就可以继续学，这样可能短期没有给导师带来收入，但可以给导师带来一定的行业人气和热度。

总之，双方前期一定要做好清楚明确的君子约定。导师培养的新培训师多了之后，就可以进一步成立培训师工作室或者师资经纪公司，全面经营培训师和开发培训产品。

六、学习社群与经营

随着个人知识付费的兴起，培训师在行业内不断建立起声誉和个人品牌后，又有足够的专业能力和优质内容去做学习类垂直社群，就会发现，很多潜在客户对于相关行业知识是很感兴趣的。

近几年线上学习平台不断增多，线上课程的需求也越来越多。培训师可以通过线上图文、录播、直播等形式，定期分享和传授某个专业领域的知识，提供成熟的案例模型，在线及时回答学员的问题，分享最新的垂直行业信息，向提供讲课素材，给学员搭建更多的支持资源等，专注某一个专业的知识点深挖下去。

培训师可以建立对机构免费、对学员收费的学习社群，可以联合某个机构做定制社群，也可以亲自或者聘请助理协助管理社群，并让各类机构协助招募学员，培训师再根据招生收益按比例给予机构中间费。

培训师可以把学习社群做成半公益的线上分享模式，比如学费仅9.9元，或者每两人报名一人免费等这种低学费的引流方式，甚至可以在教学进入某个阶段后，为学习效果不理想的学员全额退款，让潜在学员更放心地报名进阶班。

培训师也可以把学习社群做成高收费的、线上＋线下相互结合的品质培训班，提供给学员更多增值服务，比如培训师版课件、长期指导答疑、预约跟学线下课程等。对于优秀学员，培训师可以不仅提供学习机会，还协助推荐工作，以及提供其他合作资源等更多增值服务内容，甚至可以提供给学员终身免费复训的机会，只需要学员支付线下的场地费。很多有潜力的培训师都是多次参加复训，并经过导师的一对一私教指导，才慢慢走上职业培训师的道路的，他们也给导师带来了签约新培训师，赚取带新收入的机会。行业内目前有很多导师都在做这种形式的精品班，并且以免费复训的形式提高现有学员的好感，让学员们主动介绍新学员，这也减少了导师开班招生的压力。

综上所述，培训师对学习社群的经营路线可以分为三种，如图6-9所示。

图 6-9　经营学习社群的三种路线

线上社群分享也给机构提供了更多认识培训师的机会，机构方或客户方想认识新培训师，可以通过线上分享在认识和了解了培训师后，敢于合作。有些客户方某个层面的学员人数少，不足以集中采购培训师的线下课程，就可以通过线上集中团报的方式进行学习。

培训师录制的课程除了直接面对学员外，更多的可以面对机构方，比如与需要线上课程的机构、渠道、知识付费APP、企业大学或企业方直接合作，收费形式结合平台实力、客户群体、推广力度等因素考虑，可以一次性收取买断费用，可以基础费用+点播分成，也可以单纯靠点播分成。培训师也可以与一些长期需要线上课程的平台保持稳定的共同持续开发课程的"非独家式"的合作关系。

有的培训师可能会担心，线上课程分享后，大家都学习到了，没有学员购买线下课程，或者其他培训师也学习了自己的课程，复制了自己的课程，机构、客户就不邀请自己讲课了，或者自己讲课用的素材被其他培训师用到过，自己再讲就容易冲突，导致授课现场比较尴尬。其实完全不用担心这些，线上课程一般是微课，缺少内容完整性和知识点的时效性。培训师们都知道，目前企培行业的课程半年不更新，有些案例和思想就淘汰了，而线上课程淘汰得更快。对于这些线上知识，一位培训师优先讲了，他的知名度也会优先提高，而对于导师级的培训师，不断讲授的过程也是不断开发新课和打磨课程的过程。

学习社群的运营规模和效果要看培训师的投入情况，毕竟很多培训师目前还是线下课酬收入占比更高，但是如果线上课程卖得好，学习社群口碑持续扩大，培训师其实也就不用讲线下课程了，专注线上课程就好，虽然线上课程单价低，但是受众学员基数大，也会带来更可观的课酬收入。

七、引进版权与授证

有些导师已经建立起了行业的权威性和影响力，并具备很强的课程开发能力，而在自己开发课程体系的同时，也敏锐地捕捉到了企培行业的课题风口，引进国外具备知名度和权威性的版权课程，成为一定时间内地独家代理。这种授权代理的案例在企培行业已经有不少的先例，也都获得了一定程度的成功。

一些期待增加课程延展度的培训师，会很喜欢这种在引进的版权课程的基础上改进成的适合国内学习的、可以进行授证的课程。培训师不仅可以直接面对终端客户推广这种课程，更可以与师资渠道、机构等联合推广，减少独家推广的压力。在引进版权授证推广的过程中，培训师要注意在前期需要多做一些版权课程的公益分享推广，并让利给各机构，联动行业资源，进行共同推广，提高版权证书的知名度和影响力。只有让更多的培训师、师资经纪、机构、企业大学等参与进来，才能带动引进版权课程与授证的热度，减少推广过程中的阻力。同理，不仅引进的版权课程可以采用这种推广方式，导师自的创授证课程、举办的弟子班等也可以先采用这种推广方式进行造势，再正式办班招生。

通过引进含金量高的版权课程，并授证和授权讲授的形式，导师能够获得更多收入，也可以同步推广行业新课题的发展，为企业和学员更好地服务。

八、学员价值与转化

培训师在授课过程中能接触和认识很多学员，这些学员往往都是行业精英，在课堂上是学生，课程结束后有可能就是培训师的资源引荐者或者合作伙伴，这些行业精英往往能给培训师带来远远超过课酬的收益。当然最好是与企培行业相关的学员，毕竟有些业务隔行如隔山。

九、经验萃取与复制

好的培训内容来源于企业，培训师又将好的内容传输回企业中。培训师通过培训链，链接到各类行业中优质的企业，深度解读一些优秀企业的做法，萃取其中各岗位的现代化管理和营销经验及创新做法，再打磨成培训课程。培训师把打磨好的课程复制、传播、输送给行业中更多想学习的企业，树立成标杆资源。这样打磨课程，可以为培训师新增一些固定收入，更多的则是帮助企业自身打磨经验和复制优秀做法。

第七章

培训师个人品牌塑造

第一节　培训师打造个人品牌的好处

企培行业的竞争很激烈，培训师打造个人品牌对于自我的更高发展是非常有利的，对于培训师价值的最大化体现也是深远的。职业培训师因为拥有好的知识产品，能够持续地生产和输送优质内容，天然具备知识品牌。每一位培训师都期待能够不断提高个人品牌的知名度，同时，个人品牌也伴随着培训师职业生涯的每一个阶段。

培训师可以参照与自己知识输出内容类似的同行，观察他们在自己的领域和行业是如何打造个人品牌的，即找到对标培训师，并尽全力对标学习。但不是盲学，培训师要思考同行的流量怎么来的？他的最核心优势是什么？自己能借鉴他的哪些方面？能在他的基础上做哪些创新？和他相比，自己的优势在哪里？用什么方法可以超越他？

培训师打造个人品牌首先一定要自信，个别培训师觉得自己不够优秀，担心被更专业的同行或者好友嘲笑，觉得不好意思。其实培训师可以这样想，自己讲授的课程能受学员欢迎就是打造品牌的开始，尽力使自己每堂课都受欢迎，就是很好的打造品牌的方法。虽然个人品牌打造是一个长期的过程，但是只要切入细分领域，耐心沉淀与积累，将优势发挥到极致，而不是在短板上浪费精力，总会有品牌价值变现的一天。

职业培训师品牌打造有很多好处，具体如图7-1所示。

```
01  增强客户对培训师专业能力的信赖
02  扩大培训师自身的影响力
03  为增加课酬创造更多可能
04  吸引志同道合的同行
```

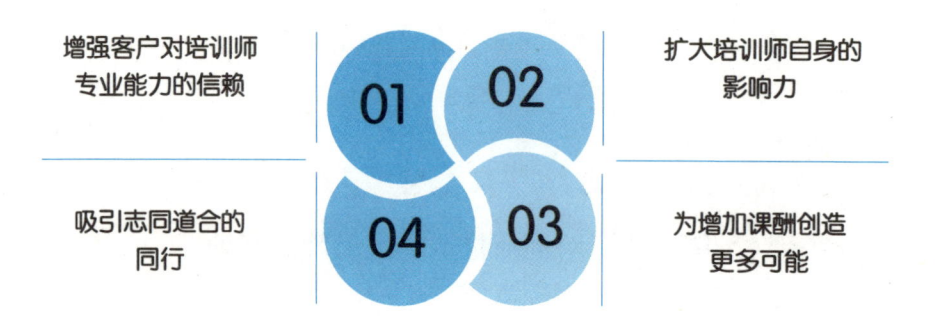

图 7-1 培训师职业品牌打造带来的好处

一、增强客户对培训师专业能力的信赖

客户对培训师专业能力的认可，会带来更多线下课程合作的机会。培训师的个人品牌不单单能宣传自己的课程，还可以总结出自己成为有品牌影响力的培训师的故事。能听下去的故事才是好故事，比如经历过的优秀的培训事件，自己如何成为培训师的，课程开发中克服了哪些困难，培训中遇到了什么样的挑战，最值得骄傲的典型培训案例是哪件，行业中取得怎样的成就等。

培训师想要打造个人品牌，需要有定位，需要专注于一个特定的垂直课题赛道，强化自己的课题特性，吸引对这个课题感兴趣的人。培训师在打造个人品牌时，可以通过以下行为增加信赖感：让客户见证最好的课程和项目、展示深厚的职业背景、与导师级培训师合作研发课程和项目、获得含金量高的头衔、发表专业文章、创作精品书籍等。

二、扩大培训师自身的影响力

培训师的个人品牌能让更多的朋友认识自己。现在线上和线下课程互相融合，哪怕不是以线上为主，个人品牌分享也是很多机构认识优秀培训师的重要途径。机构想认识新的培训师，如果正好看到线上分享的课程，了解之后就敢于合作了。

随着个人品牌知名度的增加，培训师的影响力会不断增大，会持续赢得机构和客户的认可和信赖。不愁课量的资深培训师，完全可以公司化经营，用一个行业专题的经验，借一个行业的势能，打造一个借助培训师个人品牌衍生的公司，增强商业化综合价值，获得更大发展空间。

三、为增加课酬创造更多可能

培训师的线下课酬很难超出客户对同类课程的支付能力，每年课量也都有一定的上限，培训师必须通过打造个人品牌、营销品牌价值的途径，才能获得更多课酬增长的机会，才能创造更多持续的商业价值，比如B端内容、粉丝变现、网课迭代、咨询定制、著作出版、授予版权、培养徒弟等。

四、吸引志同道合的同行

培训师在某个课题领域一定要创立自己的个人品牌，除了拥有讲课的实力外，还要做到标新立异、独树一帜。当培训师有了与众不同的个人品牌标签后，机构和客户就更容易追随合作了。

培训师还可以赋能企培行业，通过分享和输出进行更好的学习，帮助别人成为更好的自己，进而让自己也成为更有价值的自己。这样培训师不但不会失去什么，反而会吸引更优质的人脉，共同打造出优质的产品，衍生输出各类内容，扩大流量和合作资源，并有机会认识更具影响力的人，带动志同道合的培训师朋友一起前行，获得更多的品牌变现价值。

第二节　朋友圈品牌塑造和经营策略

在这个人人都是自己的传播者的时代，培训师借助朋友圈平台进行宣传，增加自身曝光度，是非常有必要的一件事，更是打造个人品牌的基础。培训师做好朋友圈的品牌定位宣传，才能让更多的潜在合作伙伴关注到自己，并成功实现培训师个人品牌知名度的提升。

一、朋友圈品牌塑造的目的

微信朋友圈是目前比较受欢迎的自我宣传方式，在朋友圈进行品牌塑造的目的是在微信这个媒介进行自我展示，让机构和客户更容易了解作为职业培训师自己能讲什么课程、擅长哪类课程、职业背景有哪些等。朋友圈品牌塑造从名称开始，要特点突出，容易记忆，不仅要带有专业标签，还需要突显授课专长和课程美誉度。而且名称标签要便于被搜索到，哪怕机构忘记培训师的名字，也能通过关键词搜索到。

培训师的微信朋友圈品牌塑造包含以下几个方面：

朋友圈封面：用两三句话介绍自己的背景。

个性签名：备注擅长课程和经典项目。

微信名字：培训师姓名＋课题领域。

微信头像：职业照或者授课现场个人照。

培训师的微信头像尽量不要频繁更换，尽量不要用非本人形象的照片，否则有些机构刚认识自己，刚建立起印象，头像一更换或者与培训师本人对不上号，又得重新认识。

很多培训师不仅把微信头像设置为职业化的形象照片，还在照片底部或者旁边备注姓名、专注课题或品牌课程名称等。

二、朋友圈宣传推广注意事项

目前培训师线上营销宣传推广最重要的途径就是微信。因为机构之间竞争比较激烈，培训师在宣传课程时要注意对机构的商业信息进行保密，比如客户方的具体名称、机构方的名称等。在宣传过程中，对部分项目的详细流程也要保密，可以在征得机构方的认可后对部分内容进行宣传，可以多发培训师自己在讲授现场的照片，展示课程的内容等。

培训师宣传时要本着"讲什么课就得吆喝什么"的原则，以擅长的优质课程为根本，通过"吆喝"脱颖而出。"吆喝"的是自己讲什么课、课程的效果好在哪里、差异化优势有哪些。通过"吆喝"这些有说服力的证明，让机构和客户实时知道培训师的授课水平，让培训师在机构方和客户那里时时刻刻有存在感。另外，培训师不要用一次课程多次刷屏的方式进行宣传，这种推广宣传的效果往往不好，有失培训师师者的稳重。

除了宣传专业课程外，培训师可以着重宣传自己日常的人设，比如分享最近接触到的有趣的事情，展现自己积极的生活状态和生活中重要的里程碑，晒一些正向的幽默段子，对一些事情表达正向理念和价值观。《论语·为政》中说："学而不思则罔，思而不学则殆。"培训师需要展示自己夯实基础、持续学习、跟上时代、提升课程质量、及时更新内容的状态，并这种状态间接传达给机构方、客户方和学员。

切忌在朋友圈展现家庭不和谐、对于社会不满等负面情绪的内容。

培训师还可以通过以下具体操作展示自己，如图7-2所示。

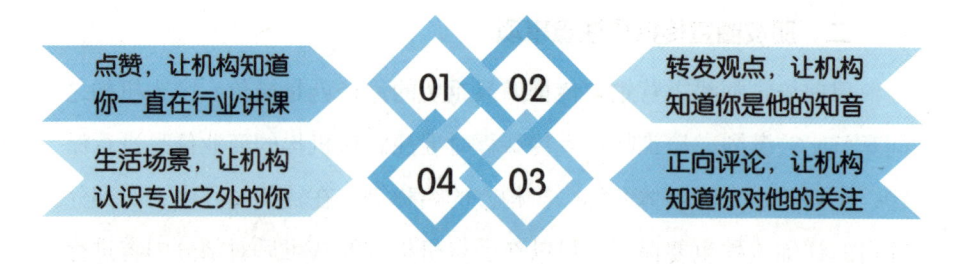

点赞，让机构知道你一直在行业讲课

转发观点，让机构知道你是他的知音

生活场景，让机构认识专业之外的你

正向评论，让机构知道你对他的关注

图 7-2　朋友圈展示自己的四个操作

第三节　朋友圈突出课程美誉度

现在的企培行业竞争激烈，酒香也怕巷子深。一个好的课程、好的培训项目，不能只获得客户方的口头称赞和评价表上的高度评价，还要经常在朋友圈"露脸"，增加好感度，强化印象。培训师不会包装或宣传推广自己，课程讲得再好也很有可能丧失更多的合作机会。只有加强个人品牌知名度和课程美誉度，才能从众多的培训师中脱颖而出。但培训师要切忌过分夸大自身的优势或宣传不切实际的培训效果，这样反而会对培训师的品牌造成负面影响。

培训师通过朋友圈提高自己课程的美誉度，也能证明课程效果值得信任，这是打造个人品牌的重要方式，具体可以参照以下方法。

一、展示授课场景

培训师突出展示自己在授课现场的照片和视频，展现授课现场的氛围情况，或者展示课程中与学员互动的照片、课间学员主动请教问题的照片、学员集中合影，并搭配描述这堂课的风采的文字等，都能说明课程效果好。这些图片或视频，更可以作为新机构和新客户了解培训师授课风格的最好素材。因此，培训师在授课期间要注意拍照留念，归类存档。

二、展示客户评价

正式的加盖公章的满意度评价表，更能证明课程效果好，更可以突出客户对培训师的满意度。客户方领导在非正式的微信聊天中的评语、学员的满意度评价表、学员对培训师表达感谢的视频和文字，还有学员在朋友圈等媒介分享的评价截图，都可以用于宣传。机构的评价和反馈背书更为重要。

三、展示机构评价

培训师获得的合作机构给予的称号，比如"优秀培训师""受欢迎的培训师""年度十大培训师"等，都是被同行高度认可的背书。其他合作机构看到后，会对培训效果非常放心，会有兴趣进一步了解培训师讲授的内容，看看是否也能向自己的客户推荐进行合作。

四、展示课件撰写过程

培训师根据确定的课程撰写课件，以及对新的课程包设计进行整理，强调所讲授的课题和课程中会运用到的方法和工具等，这些都可以作为吸引机构的亮点。撰写课件时可以突出近期哪些课程受欢迎。

五、展示课程排期

培训师的课程安排表填得特别满的话，可以进行部分展示。很多培训师的排课表中会备注课程地点、讲授内容、授课对象、合作机构、合作渠道、客户方名称等，但是要注意不要写合作方不愿意培训师对外展示的信息。另外课程排期还包含：某月课量达到了多少天？全年讲课多少天？哪段时间的课已经排满？某个课程今年排了多少期？某个客户排了多少期？即使某阶段课量不多，培训师也要通过其他素材表现出授课很忙、课量很满的状态。

六、展示研发磨课动态

培训师主动根据需求研发课程，或者培训师之间针对引领最新趋势的观点和课程互相进行磨课，都是适合宣传的动态信息，某段时间内课量不多的培训师，可以多展示一些。但是，要说明是主动闭关磨课而暂时不排课。

七、展示约课沟通

机构向培训师主动约课时，需要培训师在众多排期中协调时间所进行的沟通，这部分可以展示出来，如果能体现出是某个客户的复购邀约就更好了。

八、展示培训讲义

讲义的展示与课件有所区别，更有现场感，而且即使遮挡了客户方和机构方的LOGO和名称，也能引起同区域机构的兴趣，获得进一步线下沟通交流的机会。

九、展示客户收获

客户方和机构方在培训项目结束后的收获，学员在课程结束后的收获，最好是盖章的正式版文字资料；或者很多机构为培训班建立学习群后，学员在群内分享的感悟；或者学员记录得满满当当的笔记，都可以作为美誉度宣传过程中证明课程讲授效果好的素材。

十、分享感谢之情

培训师可以分享对机构和客户的感谢之情，比如感谢机构和客户对课程的支持，感谢课程中机构的细心安排等，这些内容分享可以让机构和客户感受到培训师的热情和温度。

十一、展示客户正面信息

宣传客户方在非培训方面的正面信息，比如客户方业绩快速增长，客户方得到的评奖，客户方团队执行力强等。宣传的同时提一下自己曾经给客户方做过哪种类型课程的培训。

十二、展示专业证书

培训师获得的专业证书，是对自身学习成果的背书，可以侧面说明培训师具备专业知识，特别是与培训行业和自己课程所涉及的专业相关的含金量高的证书，更是课程品质的佐证之一，也会获得机构方和客户方对培训师知识的广度和深度的认可。

十三、展示课程动态

培训师可以实时发布课程动态，比如正在某个地方上课、正在给某个企业上课、近期讲什么课程居多、已经在某个城市连续上课多久、课程中间休息几天、课程临时改期等，表明自己欢迎线下交流。如果培训师被提前几个月预约，或者被预约下一年度的培训时间去完成某个高难度的培训项目，更是一定要宣传展示，这是非常重要的被机构方和客户方认可的证明。另外，这种动态展示也是向其他机构和客户表明，培训师排课很紧张，安排课程要趁早，避免培训师课量已经很满不好再插课，影响机构向客户交付培训项目。

十四、展示跟踪答疑

培训师对学员跟踪答疑，学员主动请教关于工作的问题，甚至有些学员是需要转训的内训师，也会请教关于课题讲授的问题，这些情景都可以作为培训师对培训负责的体现，也侧面说明学员对培训师专业度的信任。

十五、展示前沿知识

培训师要关注课程相关行业的发展态势，而且可以分享行业相关知识和最新发展趋势，让相关行业的客户知道培训师是他们这个领域的专家。特别重要的是，培训师要根据趋势提前行动，研发出最新的课程，并宣传提示这个最新趋势需要相关从业人员具备哪些能力，这个最新课程适合哪个行业、什么岗位的人员学习，能针对性解决哪些方面的问题等。

第四节　建立自有机构群并深耕

培训师一定要建立一个机构专属微信群，哪怕不能包含接触过的所有机构，这对于培训师的品牌宣传和排课量的稳固也是有非常大的好处的，具体包含下面几项。

第一项，通过群内朋友互相引荐，扩大机构来源。

第二项，对于部分新课程和新项目的研发征求机构建议。

第三项，主动分享课题相关的最前沿的培训行业知识。

第四项，借助忠诚粉和深度合作机构的评价，影响未合作机构。

第五项，评价好的课程和提升业绩的项目更容易宣传到位。

第六项，不定期地针对新课题知识的研发和向终端客户的推广做赋能。

机构群需要用心经营，根据众多培训师经营自有机构群的经历，梳理了一个简单的新课程推广流程，可以作为参照，如图7-3所示。

01 @大家准备发课程包
02 发布视频宣传和个人介绍
03 展示总体课表和对接准备
04 主推课程视频和课程大纲
05 发课程包并在邮箱发提示
06 发红包并表示期待合作

图7-3　培训师机构群内的课程推广流程

关于深耕机构群，培训师可以定期与机构群的伙伴对最新的课程进行沟通，与某些机构共同设计的一些项目完成后，可以针对好的反馈进行沟通，可以召集机构与部分培训师线下磨课和分享与自身或行业相关的最新培训课题，可以与机构共同策划一些线下公益沙龙，可以推荐其他优质的能助力机构的沙龙活动，甚至可以向机构引荐志同道合或自己培养的培训师，并获得相应的收益等。培训师的机构微信群中，成员数量每年新增5%左右，或者总体数量保持200个以上就可以了，然后培训师再深度维护好愿意帮忙做背书或愿意帮助进行口碑宣传的20多个机构，每年150天以上的课量就稳住了。

第五节　师资经纪的特点和优势

企培行业内有一种很重要的培训师排课平台，或者说是师资推广的渠道——师资经纪。师资经纪专门帮助优秀的培训师进行推广，获得更多增课机会，相信对于很多职业培训师来说并不陌生。本节将帮助培训师了解师资经纪的特点和优势，通过更好地与师资经纪打交道，拓展讲课的机会，迅速扩大自己的专业口碑，成为被人尊敬的培训师。

师资经纪的出现优化了企培行业的有效资源对接流程，为培训师带来了课量的保障，为培训机构带来了培训效果的背书。而且因为师资经纪与培训师签约时，通常会采购较多课量并降低课酬单价，一定程度上减少了培训机构的成本，推动了企培行业的发展。接下来我们一起来进一步了解这个平台的价值。

职业培训师在自己推广的过程中常面临这些困惑：

1.新增机构数量太少，没有时间主动认识以及精准维护更多的可靠机构。

2.与机构建立第一次合作的难度越来越高，需要平台做满意度背书。

3.一些资源群经常有需求，但是自己正在讲课，没有办法实时关注。

4.一些非定制化的需求需要培训师发送资料，自己在忙，没办法实时响应。

5.很多培训需求需要有针对性地制作方案，而自己没时间完全顾及。

6.缺少平台全面宣传推广，导致自己虽然课酬单价高，总课量和总课酬却不高。

职业培训师想有一个圈子，是因为能互相磨课，能更好地互相学习和交流，能进一步推广课程。那么，培训师可以利用好师资平台已经拥有的大量机构、客户资源，以及保证效果的背书优势，可以聘请专属助理或者与已经建立大量培训机构的师资经纪平台合作。师资经纪平台可以帮助培训师进行宣传和推广、课程需求对接、培训方案完善、课程安排确认、差旅住宿安排、合同签订、课酬结算保障、训后宣传素材跟进、简历实时更新优化等多项事宜，培训师只需专注课程内容即可。

师资经纪平台向培训师大量采购课程，也需要收取一定比率的平台推广费用。培训师如果尽可能地让利，比同类培训师为平台留出更大的利润空间，就会容易激励师资经纪平台帮忙推广。当然一般师资经纪平台也都会有合理的收费区间，不会随随便便收取很夸张的中间费用，对于那种高利润的中介模式，一般职业培训师都不会长久合作。

专业的事要交给专业的人去做，师资经纪平台能根据市场需求和趋势帮培训师做课程定位，能根据课程讲授呈现的效果帮培训师打磨课程，能协助提炼推广培训师课程的独特标签。师资经纪平台拥有大量培训机构资源，具备强大的推广经验，更能让机构和终端客户了解到你是一位受欢迎的培训师。这尤其适合有一定的授课能力，但缺少打开市场的机会及缺少课量的稳固保障的培训师。最终培训师可以专注在课程开发和讲授中，反而会获得更多的课酬总收入。

师资经纪往往通过区域师资推荐、专属机构群推广、战略合作机构一对一精准推广、公众号推广宣传、抖音和视频号宣传等多种方式协助合作培训师排课。比如，一家名为智诚博大的专注银行领域多年的师资经纪平台，已经拥有了众多深度合作的培训机构资源，并仍在不断拓展新的合作机构，就完全可以将资源共享给愿意深度合作的优秀培训师。

当然培训师愿意与师资经纪合作，一定是认同让利给师资经纪换取课量的理念的，这与自己聘请助理做课程推广一样，师资经纪平台利用资源优势排课，还不需要培训师支付固定底薪，只需要按照每次推荐成功的课量计提中介费就可以了。

很多资经纪平台本着与培训师互助共赢的理念，也会提供给培训师多种合作模式，比如智诚博大就有全面独家签约、紧密合作、专项签约、某类客户签约、某类课题签约、新增机构独家签约、区域市场独家签约等方式。当然对于不同的签约方式，师资经纪平台推广的方式和力度也会有一定区别。

培训师与师资经纪平台合作之前，也需要向行业朋友了解一些信息，比如这家师资经纪平台回款是否及时？这家师资经纪平台规模够不够大？规模太大的师资经纪平台反而有可能兼顾不到新的培训师。寻找合适的师资经纪平台时，培训师要注意：平台专注的行业是否与自己的课题相匹配度；平台是否已经储备多位跟自己讲授课题相似的培训师；平台目前推广的师资课量是否已经基本满足与其合作的机构；在推广课程的过程中是否真正用心协助培训师提升能力；是否能做好课程定位和培训师品牌包装，以及还能提供哪些行业资源支持等。

比如，培训师需要在银行培训领域协助做推广，获得增课的，就可以选择前面提到的智诚博大师资经纪平台。智诚博大与众多培训师开展了各种模式的合作，有大量课量和课酬稳步增长的案例。

总之，培训师与师资平台互相助力，就能通过更多合作方式满足优秀培训师的需求，共谋发展。

致 谢

非常感谢您阅读完《一本书读懂培训师增课策略》,希望书籍内容不会让您失望。

我对于写作一直心存敬畏,这是尽我最大能力出版的第一本书籍,我特别想把培训师增课这个事情分享得更透彻、更全面。但由于自身从业经历和能力的局限性,书中难免会有部分观点欠妥之处,或不够详尽全面之处,仅代表一家之言。直至本书临近定稿,我还有很多想完善的内容,在此请朋友们多多理解和批评指正,我都会欣然接受!

书中在部分文字的表达上,保留了授课分享时的口语化风格,文字会读起来不那么赏心悦目,希望培训师朋友们能接受这种写作风格,在此表示衷心感谢!

写作不是一件容易的事。这本书从最初的章节框架的搭建,到内容的整理汇编和补充更新,再到语句的完善和润色,历时近两年。我中间几次想放弃写作,并不是因为工作量大,而是因为企培行业的理念、知识、方法更新迭代太快,自身又能力有限,知识浅薄,导致压力很大。写作是很专业的事情,特别是写一本关于优秀职业培训师的经验的书,所以我很担心本书的内容是否能得到更多培训师朋友的认可。

好在有众多朋友的鼓励和期待，让我更加热爱这个行业，并以分享增课经验为美好的事情，增课经验的系统输出对于我自己来说也是一次宝贵的学习机会。感谢朋友们分享给我的诸多观点和宝贵的写作建议，与朋友之间的彼此赋能，让我鼓足勇气，不断完善书中内容，最终坚持完成了这本书，以今天的模样呈现给培训师朋友们。

写这本书的初衷之一，是希望自己分享的领域内的一些观点和增课的底层逻辑，可以供朋友们选择性地借鉴和参考。期待《一本书读懂培训师增课策略》，能帮助您找到自己想要的答案与适合您自己的方法。我衷心希望能企培行业的职业培训师朋友能用得上这本书，能尽量少走一些弯路，也希望这本书成为企培行业发展的一块铺路石。

再次感谢朋友们，感谢进入企培行业近20年来，提携和指导我的行业前辈们，以及一直以来支持和帮助我的良师益友们。因为有大家的关注、支持和鼓励，我才能一点一滴地进步，收获写作的智慧和经验，并使这本《一本书读懂培训师增课策略》得以诞生。

特别感谢在师资业务合作方面给予我们智诚博大很多机会的机构朋友们，感谢与智诚博大签约合作的培训师朋友们，以及与智诚博大和我本人有交集的企培行业的所有朋友们。感谢一直和我共同战斗并见证收获的同事们。感谢在这本书的撰写过程中，在专业和内容上，给予我大量改进建议的朋友们。感谢听过我课程的朋友们，感谢购买《一本书读懂培训师增课策略》的朋友们，更感谢购买了本书后，验证了增课策略内容，又将其向好友推荐的朋友们。感谢正在阅读此书的朋友，您的支持和鼓励将让我在企培行业继续前行。感谢所有不缺课量、课酬收入也很满意，却购买这本书的朋友们，您对一位多年企培人的支持，本人尤为感激，将会铭记于心！

祝愿每位培训师能获得持续的自我提升，课程效果不断有质的突破，口碑越来越好，在职业培训师的阶梯上越走越高，成为一名美誉度极高的职业培训师。优秀的培训师自身课酬和课量双增长的同时，也能为我们的企培行业贡献更多的力量。

特别感谢这个美好的时代，我很幸运，20年来一直从事着所热爱的企培工作，认识了很多优秀的行业朋友，我也期待未来有机会与更多的企培行业的培训师朋友们共同探讨，互相助力，互相成就，携手共进，共同推动企培行业更加繁荣发展！

于椿建
2023年

图书在版编目（CIP）数据

一本书读懂培训师增课策略 / 于椿建著. -- 北京：中华工商联合出版社，2024. 7. -- ISBN 978-7-5158-4025-3

Ⅰ. F272.921

中国国家版本馆CIP数据核字第20247TQ784号

一本书读懂培训师增课策略

作　　者：	于椿建
出 品 人：	刘　刚
图书策划：	蓝色畅想
责任编辑：	吴建新　林　立
装帧设计：	胡椒书衣
责任审读：	付德华
责任印制：	陈德松
出版发行：	中华工商联合出版社有限责任公司
印　　刷：	三河市九洲财鑫印刷有限公司
版　　次：	2024年8月第1版
印　　次：	2024年8月第1次印刷
开　　本：	710mm×1000mm　1/16
字　　数：	224千字
印　　张：	16.5
书　　号：	ISBN 978-7-5158-4025-3
定　　价：	56.00元

服务热线：010-58301130-0（前台）

销售热线：010-58302977（网店部）
　　　　　010-58302166（门店部）
　　　　　010-58302837（馆配部、新媒体部）
　　　　　010-58302813（团购部）

地址邮编：北京市西城区西环广场A座
　　　　　19-20层，100044

http://www.chgscbs.cn

投稿热线：010-58302907（总编室）

投稿邮箱：1621239583@qq.com

工商联版图书
版权所有　盗版必究

凡本社图书出现印装质量问题，请与印务部联系。

联系电话：010-58302915